JN150764

ビートルズが分かる本

小林　七生
KOBAYASHI Nanao

4人が語る　自身とビートルズ

溪水社

まえがき—リバプールの４人に天命が下り、そして世界へ

本編は本人たちの回顧録を含め資料に基づいて書いています。但し、思い切った構成と編集・加除を断行し限られたスペースで生きたビートルズを再現し、皆さんに具体像を描いて頂くことを目指しました。
ビートルズを知るには４人がどの様な人物か、ビートルズとどうかかわっていたかを知る必要があります。ところがビートルマニアや学者さんたちはビートルズと一体化しすぎ、知りすぎて難解な展開、抽象的なビートルズ観が提供されがちでした。そこでビートルズを分かりやすく、４人が皆さんの隣り合わせになることを目指しました。

ところで人生努力だけでは如何ともし難いことがあります。めぐり合せによって、ビートルズの４人は億万長者でご馳走を毎日食べ飽きていますが、ボクたちは焼きそばをおいしく食べ、うまい焼酎を飲んでいます。そしてビートルズ・ナンバーを共有しています。ビートルズはボクたちでもあります。

４人はジョンが繰り返すように全員が、ごく普通の、庶民・労働者階級の子弟であり、勉強嫌いだが、幸せな少年時代をおくっています。後のビートルズへ導く基礎となったのが家族・身内の、時には強く反発しながらも、深い愛情と支えでした。よって４人はボクたちと重なります。

構成にあたってはジョン、ポール、ジョージ、リンゴの各々が自身とビートルズについて、更にそれぞれの道を歩み始めるまでを回顧するという手法を取りました。
以下、ビートルズについての肩のこらない読み本です。

目　次

ビートルズが分かる本

――4 人が語る　自身とビートルズ――

第１章
出生からクオリーメンまで

まず、各人の出生からビートルズの前身であるクオリーメン成立までを生年月日、生まれ育った都市・リバプール、家庭・家族、学校・勉強、それからロックン・ロールとの出会いまでを語ってもらう

語り手――――――――ジョン・レノン（John Lennon）

出生

1940 年 10 月 9 日に生まれた。

リンゴ（スター）が 1940 年７月７日生まれだからビートルズで一番さきに生を受けたのは私じゃない。でもリンゴは最初からビートルズにいたわけじゃなく、ほかの３人（ポール・マッカートニー、ジョージ・ハリスン、ピート・ベスト；リンゴの前任ドラマー）よりずっと後だった。髭（ひげ）をのばしていてバトリンズ（地名、休暇村、サウス・ウェールズ）で演奏していたころ（1960 前後）のリンゴは後のビートルズでの運命は思いもよらなかっただろう。

リバプールは

アイルランド人がジャガイモ飢餓にあったときに移ってくる土地だった。アイルランドの血を引く者が多い上に、中継貿易港でもあるので黒人や中国人、とにかくあらゆる人種が集まった都市だった。生活が厳しくなって街の貧乏人が増えてきても、みんなは、くじけることがなく、ウイットに富み、まるで扁桃腺にかかったみたいに鼻にかかった独特の喋り方をして、いつもジョークを連発している。

イギリスで2番目に大きい港で、主にアフリカとアメリカを中継する奴隷貿易で1800年代にもっとも発展し経済的に潤った。大金持ちの人も行き交っていたけれど私たち北部人は南部、そうロンドンの連中からはアニマルと見下されていた。

自分の故郷が嫌いだという人もいるけど何かひどくイヤな目にあったんだろう。私は何不自由のない少年時代を過ごせたせいもあり、リバプールが大好きだ。いつか別な場所に住むのは仕方がないだろうけど。それでもリバプールは我が故郷だね。

家族・家庭

母ジュリア、父や祖父と

一緒に郊外のペニー・レインに暮らしていた。もっとも親父は船乗りだったからほとんど家にはいなかった。思い出に残っている最初の家は赤レンガ造りで2階にはベッド・ルームが3つあった。私の記憶では母は無職だったと思う。ユーモアがあって歌がうまくて、すごくいい声だった。

ミミおばさん

両親は私が４歳のとき離婚した

それでミミおばさん夫妻と一緒に暮らすことになった。ミミおばさんは“あなたの両親はお互いに好きじゃなくなったのよ”としか云わなかった。それで両親と暮らしたペニー・レインを離れて郊外のウールトンのメンローブ・アベニュー２５１番地にあって二つの建物が仕切り壁でつながった小さな庭のある家に引っ越した。近所には医者や弁護士などが住んでいて、私の出自についてよく言われるようなスラム街ではなかった。私は郊外に住む、こざっぱりした感じの子どもで、階層で言えば公営住宅に住んでいたポール、ジョージ、リンゴより半階級は上だった。庭付きの持家だったこともあり私の方が３人より恵まれていた。４人の中ではリンゴが一番貧しい地区の子どもだったけれど、そんなこと関係ないし、リンゴも気にしてない。リンゴはリンゴで楽しい経験をいっぱいしてきた。

私は年を重ねるにつれミミと衝突することが多くなり、週末にはよくジュリア（実母）の家へ泊りに行くことが多くなった。ジュリアの二番目の夫を（二人が結婚していたかどうかはわからないが）私は“ツウイッチー(顔面神経痛)”と呼んでいた。“ツウィッチー”はロバート・ダイキンズという名前でボビー・ダイキンズとも呼ばれていた。背の低いウエイターで神経質そうな咳(せき)をしていた。

母の姉妹は５人ともすばらしい女性だった

そして母は末っ子で頭がよくて美人だったが、要領がいい方ではなかった。だから私を育てられなくなり姉（ミミおばさん）にあずけた。私には父親違いの妹はいたけど、ミミおばさんの家では子どもは私一人だった。いつも本を読みながら、自分だけの空想の世界に浸っていた。私は女性たちと一緒にいて自分の夫や人生について女性たちが話すのを聞いていた。女性たちはちゃんと物事がわかっていたけれど男たちはまるでわかっていなかった。ジョージおじさん（ミミの夫）を除いて、男たちの影は薄かった。

私のフェミニズム（男女同権主義）はこうした身内から生まれたのかもしれない。

ジョージおじさんは

とてもやさしくて、私と仲が良かった。亡くなった時、私は何もすることができなかった。悲しみの気持ちを表すができないまま、ただうろたえて２階へ上がっただけだった。いとこがやって来たが、その子もどうすることも出来ないで２人でひたすらゲラゲラ笑っていた。ずっと後になって、ものすごい罪の意識を感じた。

おじさんの死後もミミおばさんは決して生活のレベルを下げようとはしなかった。一時期、学生たちを下宿させていたこともあったが、女手一つで、それまで通り２軒続きの家に住み続けた。私には、いわゆる家庭がなかった。だが、孤児だったようなイメージは全くのウソだ。

おじ、おばもいて郊外にいて素敵な家もあったし、ちゃんと面倒を見てもらっていた。

学校・勉強・成績

５歳の勉強

イギリスにはイレブン・プラス（中等教育選抜試験）があって、５歳になるとそのための勉強を始めなければならない。イレブン・プラスに受からなければあなたの人生は終わりよ。というわけで私はこの試験だけには合格し、それからクオリー・バンク・グラマー・スクールに進学した。落ちるのが恐かったし、試験さえ終われば何でも好きなことをしていいと先生から言われた。だから、それからは絵ばっかり描いていた。学校ではいつも空想にふけっていたから、その後20年間もずっと夢うつつ状態だったわけだ。とにかく学校はつまらなかった。夢でも見ていなければやっていられなかった。

GCE（大学入学資格試験）　全科目　不合格

学校で習った詩の一部を替え歌にして突然、大声で歌い叫んだり、お祈りの時間にものを食べたりして先生たちを困らせた。そんな悪ふざけが原因で停学処分も食らった。ある数学教師は“このままでは堕落の一途をたどるだけだ。”と評価した。ほとんどの教師からきらわれていた。だが学校には私をわかってくれる先生が何人かはいた。それはたいてい美術の先生か、英語や英文学の先生だった。絵や作文に関することなら私はちゃんと合格点をもらっていた。これが理科や数学となるとひどいものだった。

学校には私と同じように社会に適応できないヤツらがいて、そうした仲間たちと一緒に反抗した。やりたいことが何もないし学校の授業についていけないんだ。クオリー・バンク・グラマー・スクールの私の成績表・評価欄には“頭はいいが、やる気がない”と書かれていた。鼻持ちならない生徒だったようだ。GCE（大学入学資格を得るための試験）は9科目受けたけど見事に全滅。模擬試験では英語と美術だけは合格点が取れたんだけど本番では美術すら合格できなかった。

リバプール・カレッジ・オブ・アート（アート・スクール）へ進学

クオリー・バンク・グラマー・スクールのボブ・ジョイ校長がアート・スクールへ推薦してくれた。校長は“あそこへ行かなかったら、この生徒の人生は終わってしまう”と入学できるように取り計らってくれた。私もアート・スクールへ行けば素敵な女の子たちをモデルに歯みがきポスターの絵が描けるかもしれないと期待していた。結局、商業美術を専攻することになったが５年間の在籍中ずっと勉強が嫌でたまらなかった。友だちに油絵を描くヤツが多くなったこともあって転向を考えたけれど、まともな作品一つ仕上げられなくて自分のキャリアに何のプラスにもならなかった。

一緒に卒業した仲間の中には、すぐに９時から５時までの仕事についた者もいたが、みんな３か月もたたないうちに老人のようになってしまった。だが私には無限の可能性があると信じていた。自分の可能性はオフィスのような場所に縛られないことだ。今この瞬間、瞬間に生きるというのが私の身の処し方であった。そのうち自分の人生に何かが起こると信じていた。

ビートルズはちゃんとした教育を受けた

アメリカのファン向け雑誌に"ビートルズの４人はスラム街からはい上がってきた"みたいなことが書いてあったが、ビートルズはちゃんとした教育を受けていた。ジョージ、ポール、私（ジョン）はグラマー・スクール（進学コース）に通っていた。そこがビートルズの違うところだった。エルヴィス（プレスリー）みたいに生活のためにトラックに乗っていたわけじゃない。ポールはいつも優等生で大学に行こうと思えば行けたんだ。試験にも受かったし、たとえば……マッカートニー博士にだってなれたはずだ。私だって勉強すれば博士になれたかもしれないが、全然勉強しなかったのでビートルズが誕生した。

テディ・ボーイ；不良少年

リバプールは港湾都市でなかなか怖い街だった。本物のテディ・ボーイというのは20才をとっくに過ぎた港湾労働者のことで、小型の斧とか自転車のチェーン、場合によっては本物の武器まで持っている。本物に比べて自分たちは15そこいらの子どもだったこともあり、そんな連中のいるところには絶対足を踏み入れなかった。それでも私がテディ・ボーイを装ったのは人気ものになりたかったからだ。おべっかや、へつらいより、その方が魅力的だったし、みんなが私の言うとおりに動き、私のジョークに笑い、私がボスでいることが望みだった。

ダブデイル小学校では少しは学校の勉強に精を出していたし正直にしていたけど、それが馬鹿みたいだと気が付いた。いずれにしたって叱られるときは叱られる。それで何から何までウソをつくようになった。リンゴを盗んだときはすぐに見つかってしまった。いつもイタズラしていた仲間と一緒に、ペニー・レインで路面電車のバンパーに飛び乗り、何マイルも無賃乗車していた。乗っている間ずっと、今にも落ちそうで怖くて、わざと汚い言葉、悪態をついていた。

学校（クオリー・バンク・グラマー・スクール）ではかなりの乱暴者で知られていた。でもそれは、自分が強く見えるようにイメージを作り上げていただけだ。学校では頭を使って切り抜けていたから何の問題もなかった。俺はお前より強いんだと思わせればいいんだから、ゲームみたいなもの。万引きだとか、いろいろ悪さをしたけど、それ以上のことは決して、しなかった。だが、いかにも強そうなテディ・ボーイという服装をしていたから、柄の悪い地区で本物に遭遇してしまうとそれこそ大変だった。そういうヤツが目の前に現れたら一目散に逃げるしかなかった。アート・カレッジにいた頃は酒を飲むと乱暴になったが、インド人とアラブ人の混血でジェフ・モハメッドという友人が私のボディーガードになってくれた。私がとんでもないことに足を踏み入れてしまうと、いつも助け出してくれた。もう故人になっているが……ヤツの霊が安らかでありますように。

私は決してタフ・ガイなんかじゃなかった。他の連中があまりに神経をビリビリさせているから、自分を守るためにそんな仮面をつけざるを得なかった。実際は傷つきやすく、弱い少年だった。

母を二度失った

ミミおばさん夫妻に育ててもらっていたが、初めてカラーシャツを買ってくれたのは実母・ジュリアだった。私はジュリアの家を訪ねるようになり、母の新しい夫（ツウィッチー）にも会った。16 才の頃、母が音楽を教えてくれた。最初に教えてくれた楽器がバンジョーだった。そのせいで、バンドを始めた頃の写真を見ると私はおかしなコードを押さえていた。その後しばらくしてギターをやるようになった。最初は借り物で練習しようとしたが、どうやって弾いていいのかわからなかった。その後、母が通信販売で一本買ってくれた。安物だったけど片時も離さずにそばに置いていて、一生懸命練習した。

最悪の出来事の数年前から、私は週末にジュリアを訪れ、互いに理解し、距離の取り払われた母と子になっていた。ジュリアはすばらしい女性だった。その週末、私は、母と“ツウィッチー”が暮らしている家にいた。警官が事故を知らせに来た。まるで映画のワンシーンみたいに“あなたが彼女の息子さん？”ってきいて事故の話を切り出し、私ら二人は真っ青になった。その日、母はミミおばさんの家を訪ねたあと、酔っ払い運転の車にはねられて殺された。加害者は非番の警察官だった。母はただバス停に立っていただけだったのにあいつの車がつっこんで来たんだ。

ずっと母の死を認めることが出来なかった。あまりに悲しい出来事だったから、思いっ切り泣いたり叫んだりする前に、さまざまな感情が凍りついてしまった。私の中で長く閉ざされていた感情があふれでて止めどもなく流れだそうとしていた。“マミーが死んだ（My mummy's dead)”と言ってみたら、気持ちが楽になった。事実を打ち消すことはできないが、楽にはなった。

それは、私にとって二つめの大きな心の傷となった。私は母を二度失った。最初はミミおばさんの家にあずけられた時。そして二度目は 17 才で、母は本当にこの世からいなくなってしまった。まだ 17

才でロックン・ローラーをめざしアート・カレッジの生徒だった。私が母との関係をやり直そうとした矢先に母を殺された。ますます反抗的になっていった。つらくてやり切れなかった。

ビートルズへの道　クオリーメン（前ビートルズ）まで

自分を表現出来ない

私はいつも反抗的で社会のあらゆる物事を息苦しく感じていた。その一方で、社会に愛され、受け入れられたいとも願っていた。ステージに立ったのは芸をするノミみたいなものであっても、この社会に属していたかったからだ。だが私は私でしかない。受け入れてもらえないのに受け入れてくれない。いったいどうすればいいんだ。そんな中でエルヴィスに出会った。

アメリカとエルヴィス（プレスリー）

誰もがアメリカは若者たちの夢をかなえてくれるところだと思っていた。映画で見ていたからアメリカのことは何でも知っていた。ディズニー・ランド、ドリス・デイ、ジェイムス・ディーン、マリリン・モンロー。音楽もアメリカだった。イギリスでいろんな国に知られるようになった大ヒットは、クリフ・リチャードの「ムーブ・イット」だったと思う。それまではそんな曲は一つもなかった。だが映画も音楽もビッグはみんなアメリカだった。知り合いが『ニュー・ミュージカル・エクスプレス』誌に載っていたエルヴィスを指さして、こいつはすごいんだといった。曲は「ハート・ブレイク・ホテル」だった。“傷心ホテル”なんか嘘っぽい響きだと思ったが、その音楽誌は絶賛していた。その時はタイトルが古臭かったし、エルヴィス・プレスリーという名前も変な感じだった。だからペリー・コモやフランク・シナトラを想像していた。ところが初めてラジオ・ルクセンブルクで曲を聴いたとたんに全てがひっくりかえってしまった。

ロックン・ロール

リバプールを出る直接のきっかけはエルヴィスだった。一度耳にしてしまって生活のすべてになった。ロックン・ロールのこと以外は考えられなくなった。世間や親たちの世代はロックン・ロールを抹殺しようとした、すぐ消えてなくなると新聞などからしょっちゅう言われていた。だが、その後もその気配は全く生じなかった。生まれた時点からあらゆる音楽の要素が含まれていた。母体となったのはブルース、リズム＆ブルース、ジャズ、そしてカントリーだ。黒人と白人の音楽が、本当の意味でいっしょになったのがロックン・ロールだった。

初期のロックン・ロールは歌詞に二重の意味が込められていた。黒人たちが歌いだしたころはセックスを連想させるものが多かったが白人の聞き手にあわせて、ほとんどあたり障りのないように書き換えられていた。エルヴィスの曲に「ワン・ナイト・ウィズ・ユー」があって、もともとは「ワン・ナイト・ウィズ・シン」というタイトルだった。“あの罪深い一夜のために祈りを捧げる……”って言うような、なかなかいい歌詞だった。スラングや黒人独特の言いまわしがよく使われていた。

1950 年代、みんな中身のない歌を歌っていたころにチャック・ベリーは社会的な言葉をたくみにリズムと調和させていた。チャック・ベリーの才能が生み出したすばらしいロックに私はすっかり理性を失って、ほかのことはどうでもよくなってしまった。私にとってロックン・ロールは世界に終わりを告げる病いだった。ロックン・ロールだけが本物で、あとはすべて嘘っぱちだった。他にもいろんなことがあったが、15 才の心を射抜いたのはロックン・ロールだけだった。ロックン・ロールに出会うまで音楽で生きていくなんて夢にも思わなかった。ロックにインスパイアされて音楽をやるようになった。

クオリーメン、様々な出会い

ギターを始めた頃は、ちょっと練習してはあきらめ、また練習してはあきらめのくり返しだった。２年くらいでやっと自然にメロディーが弾けるようになった。一度レッスンを受けに行ったが学校みたいですぐにやめてしまった。私の場合、自分であれこれつま弾きながら覚えた曲がほとんどだった。

イギリスでロックン・ロールブームが起こった頃……私が 15 才だったから 1955 年かな、もう一つスキッフルと呼ばれる大きなブームがあった。これはフォーク・ミュージックの一種で、アメリカのフォークにウォッシュボードを加えて演奏するという感じだった。15 才を過ぎた子どもたちは、こぞってグループを作り、演奏を始めていた。私たちも学校仲間でグループをつくり、言い出しっぺのヤツの家へ集まった。もっともそいつはグループへ入らなかった。その他のメンバーには、アイバン・ボーンというヤツがいてあとで同じグラマー・スクールにいたポールを紹介してくれた。グループはクオリーメンと名乗った。それは私が通っていたグラマー・スクールの“クオリー・バンク”と言う名前からとった。学校にはラテン語で書かれた校訓みたいなものがあって、“個の石（クオリーは砕石場の意）から真実を見よ”と言う意味だった。石、つまりロックというのが象徴的で気にいっていた。私たちは勉強してないからいつも赤点だったが、将来を気にする仲間へは“大丈夫何とかなるさ”と元気づけていた。みんな私の言う通りによく動いた。ほとんどの場合、私がボスだった。その後もボスをやっていたらビートルズという仲間になった。

エンパイア・デイの祭典の日にグループは初めて人前で演奏した。通りに止められたトラックの荷台でノー・ギャラでね。その後パーティーとかの演奏で何シリングかもらったことがあったけれど、ほとんどは自分たちの楽しみで演奏していた。お金をもらえなくても少しも気にならなかった。

ポール

アイバンはウールトンで演奏していた日にポールを連れてきた。その時のことはポールもよく覚えている。天気の良い暖かい日だったからお客さんもたくさん来ていて、クオリーメンは仮設のステージで演奏していた。ステージの後、ポールと話をしていたら、途中からエディ・コクランの「トゥエンティ・フライト・ロック」を弾いてくれた。すごい才能の持ち主だと思った。私はその時までバンドのリーダーだった。ぼんやりと考えた。こいつは私と同じくらいうまいぞ。もしポールを仲間に入れたら、私はいつも追いかけていかなければならない。でも、ものすごく上手だから仲間に入れる価値はある。今、こいつと組んだらどうなるだろう。結論は個人的なことにこだわるより対等なパートナーシップに基づいてグループを最強にすることに決めた。

ジョージ

それから、ポールがジョージを連れてきた。今度はジョージをメンバーに加えるべきかどうか決断しなければならなかった。ジョージの弾く「ローンチー」が決め手になった。これでビートルズの三人が集まったが、ほかのメンバーはいつの間にかいなくなってしまった。私たちは学校をサボっては、午後ジョージの家へ遊びにいった。ポールもベビー・フェイスで10才くらいに見えたがジョージは更に幼く見えて年を聞く気にもなれなかった。使い走りなんかしていて、まるっきり子どもに見えた。つきあうようになってからも、どうもよくわからないヤツだった。ジョージにはたくさんコードを教わったし、ポールのクラスメイトにもコードを見つけ出すのがうまいヤツがいた。私たちは新しいコードを覚えるたびに、歌を作った。そうやって覚えたコードがリバプール中に広まった。

シンシア

シンシアとはアート・カレッジで出会った。いつもツンとすましていた。ジェフ・モハメッドと私はシンシアの“静かにしてよ”という口調をまねして何時もからかっていた。もっともジェフから“シンシアはお前のことが好きなんだぜ”と聞かされていた。私は自分に自信がなかったのでシンシアに少しでも関わりのある男に嫉妬し、事あるごとにイライラを彼女にぶっつけた。それが問題で私から去って行ったことがあった。ショックだった。シンシアなしではやっていけなかった。

ビートルズ

ビートルズがなぜ生まれたかは誰にもわからない。だが私がリバプールに生まれたことや、クオリー・バンク・グラマー・スクールに通っていたこと。そしてオスカー・ワイルドやホイッスラー、フィッツ・ジェラルド、そしてブック・オブ・マンス・クラブの本がずらりとならんだ本棚のあるミミおばさんの家に住んでいたということ……すべてが関係していると思う。

語り手――――ポール・マッカートニー（Paul McCartney）

出生とリバプール

出生

私は1942年6月18日にウォールトン病院で生まれた。

リバプールは

独自の文化を持つ街で、街の人たちの言葉には独特の訛りがあった。そのせいで街から半径10マイルを超えて出たら“まるで田舎者”扱いされた。リバプールで育った者は多かれ少なかれそんな思いをしている。

当時はまだ路面電車が走っていたし、戦争の爪あとが至る所に見られ、焼け跡は遊び場だった。大きくなるまで、“焼け跡”という言葉は“遊び場”という意味しかないものだと思っていた。“どこ行くの”“ボンビー（焼け跡さ）”という具合だった。そういえば“シェル・ショック（戦争神経症）”という言葉もよく耳にした。フラフラと歩いていた復員兵を見つけては“シェル・ショックだ”などと配慮のない言葉を友達と交わしていた。

冬はまるでシベリアのように感じられた。半ズボンの膝小僧がひび割れでガサガサになっているところへ風があたるとすごく痛かった。だが港はとてもロマンチックな場所だった。スペインの船が入ってきたとき、学校で習ったスペイン語を試してみたが、とても早口で役に立たなかった。なぜか船員が甲板で散髪していたのが印象に残っている。セント・ジョンズという大道の競り市が並ぶとこがあった。掛け声にサクラが調子を合わせた抜群のセールス・テクニックで必要としていない見物人にまで、例えば皿を買わせていた。

家庭・家族

母は助産師でカトリック教徒、父は14才で学校を出て綿花のセールスマンをしていてプロテスタントだった。母にはどこで働くことになっても助産師専用の住居が与えられた。もっとも落ち着く間がないほど引っ越しが多くて幌馬車に乗った開拓者一家みたいだった。それでもみんな慣れてしまって、1才半下にはマイケルという弟がいて、それなりに穏やかな少年時代を過ごした。

父は生まれながらのミュージシャンでピアノもトランペットも独学でものにしていた。うちでは毎年大晦日になると、親戚中が集まって盛大な年越しパーティーを開いていてすごく楽しい思い出だった。大晦日のパーティーの主役はずっと父だった。私が大晦日のピアニストをやるようになったのは、父が関節炎をわずらってピアノが弾けなくなったからだ。

ロンという愉快なおじさんがいて私にこんなことを言ってきた。

“ところで「カロライナ・ムーン」は知ってるか”、“うん、知ってる”、“そうか、でもまだ弾いちゃだめだ。おじさんがOKを出すまで待ってるんだ”。そこで私はみんなの酔いが十分まわってくるのを待つ。パーティーが盛り上がって、いい雰囲気になるまで待つ。

夜11時になる頃、ロンおじさんがピアノのところへ来て私の肩を叩く、“よし、今だ。弾きなさい”。

そこで初めて「カロライナ・ムーン」のメロディーが鳴り始め、拍手喝采となる。ロンおじさんの出すタイミングはいつも外れたことがなかった。私はパーティーのたびに、何時間も何時間もピアノを弾いていたのでいい練習になった。あらゆる意味でいい訓練だった。

父は社会的な出世はしていなかったが、やさしくて、前向きな目標を持っているすばらしい人だった。助産師の母もすばらしい人だった。私の育ったのはそういう家庭だった。

ジョンといろいろ子どもの頃の話をしていて、私の方がずっと暖かい家庭環境に育っていることがわかった。だから私はオープンな性格になったんだと思う。情にもろく、涙もろいが気にしていない。カッコ悪いかもしれないが今でも私のそういうところを大切にしたいと思っている。

学校・勉強・成績

助産師の母は弟も私も医師になることを強く希望していたが、ふたりとも勉強をサボってたから母の願いは叶わなかった。

私の通っていた学校はリバプール・インスティチュートといって、かつてはパブリック・スクールの歴史ある学校だったが、校舎は暗く、じめじめしていて、陰気な感じがした。今思い出すと、まるで貧困とその中の温かみを描いたディケンズの小説のような世界だった。学校が好きという人にはあまりお目にかからないが、私もそれほど好きではなかった。そうは云っても楽しいと思うこともそれなりにたくさんあった。英文学の授業は先生がよかったから面白かった。嫌だったのは、学校から何かをやりなさいと命令されることだった。

父はクロスワード・パズルが得意で語彙力が付くと言って私たち兄弟にもやらせていた。父は社会に出たのが早かったから、自分なりの方法で知識を増やしていったようだ。だから周りの誰もが知らないような例えば “phlegm”（粘液質）なんて単語と綴りを知っていたのは、クラスの中で私一人だけだった。父は仕事を通じて尊敬できる人にたくさん出合っていた。父も母も教育や自分で努力する大切さを身をもって信じていた。私の中にある向上心は両親からのものだと思う。

テディ・ボーイ；ジョン・レノン少年

ジョンは近所でも評判の不良だった。生い立ちは後で知った。私は大人になるにつれジョンの子どもの頃の体験が大きく影響していることがわかってきた。４才のとき父親が家を出てしまい、一生その時の心の傷を拭（ぬぐ）い去ることが出来なかったんだと思う。その話題になると、“親父が出て行ったのは、俺のことが嫌いだったからなのかな”と言っていた。そんなことはないだろうがジョンは立ち直れないでいた。

　ジョンはおじさんとおばさんの家で暮らしていた。ジョージおじさんが亡くなってからは、自分は男親に恵まれない運命だと考えるようになった。父親は家から離れ、おじさんは死んでしまったからね。ジョンはおじさんが大好きだった。誰にも優しかった。愛する人を次々と失ったことは、ジョンに大きな影響を与えた。ジョンの言葉を借りて言えばジョンの母親は“人の道にそむく”ような生活をしていて、別の男と暮らし、娘も二人いた。父親違いの妹たち、ジュリアとジャッキーだ。みんないい人たちだったよ。ジョンは母親のことを愛していたし、崇拝していると言ってもよかった。私も彼女が大好きだった。豪快で、ユーモアがあって、長く伸ばした赤毛がきれいだった。彼女がウクレレを弾いているのを見たことがある。――今でも私は、ウクレレを弾く人に出会うと、好感をもってしまう――だが、彼女は飲酒運転の警官に殺されてしまった。ジョンの人生は悲劇のくり返しだった。

　ジョンが不良になったのは、母親の死がきっかけだった。リバプールの街は暴力沙汰なんかしょっちゅうで、テディ・ボーイたちがうようよいた。そのへんの道路で見かけたら、隠れるしかない。ジョンはもみあげをのばし、ダブダブの長いジャケットにぴったりした細いズボンをはき、薄いソールの靴を履いていた。そして、いつも人を寄せ付けないような雰囲気を漂わせていた。バスの中で、遠くからジョンの姿を見ていたけど、知り合いになる前は、恐そうなヤツがバスに乗ってくるぞ、あんまりジロジロ見ると殴られるかもしれないと思っていた。私よりずっと年上に見えた。

母の死

14 才のとき母を失った。死因がガンだということは知らなかった。とてつもない衝撃だった。母は言葉づかいに厳しく、クイーンズ・イングリッシュを身につけさせようと一生懸命だった。そのことで一つ、母にものすごく申し訳ないと思っている。あるとき、母の話し方をからかってしまった。母が "ask" という言葉の "a" の音を伸ばして発音した時､思わず "aask" だって！それって "ask" だよママといってしまった。母のプライドを傷つけてしまったんだ。母が亡くなって、それを思い出した、どうしてあんなこと言ったんだ。" クソッタレ、どうしてあそこでわざわざママを非難するようなことを言う必要があったんだ。" 最近になって、その気持ちを乗り越えることが出来たと思う。

母の死によって、父はすっかり打ちのめされてっしまった。それまで私は、父が泣いたところなんか見たことがなかった。女、子どもが泣くのはわかるけど、父が泣くなんて想像もできなかったし、辛かった。自分が信じてきたものが揺らいでしまったような出来事だった。しかし私は感情に溺れまいとした。なんとか踏ん張った。私は 14 才にして心に殻をかぶせることを覚えた。

母の死はジョンとの太い絆となった。ジョンも早く母親を亡くしていた。二人は同じ心の痛手を克服しなければならなかった。言葉にするには辛すぎた。悲しみを笑い飛ばすことでどうにか乗り越えた。それでもジョンと私以外の誰かが笑うのは許せなかった。若者は悲しみを外に出してはいかんと思っていた。何年かたっても、二人はあの悲しみに襲われ一緒に泣いたこともあった。

ビートルズへの道　クオリーメン（前ビートルズ）まで

子どもの頃の楽しい思い出は寝そべって父のピアノを聞いたことだった。父も私も音楽教育を受けたことがなかった。ちょっとでいいから教えてくれと父に頼んだが、父は“習いたいなら、ちゃんと習わなきゃ”と先生につかされた。“来週までにこの曲をおさらいしてくるように”なんて、レッスンに行くだけでも面倒なのに、宿題まで出されるようになって、４～５週間でやめてしまった。結局、父と同じように自分の耳でピアノを覚えた。若い頃、ジャズバンドでトランペットを吹いていたことがあった父は私の誕生日に有名なラッシュワース＆ドレイバーズ楽器店でトランペットを買ってくれた。1950年代はトランペットを演奏するスターたちが脚光を浴びていた。しばらくの間トランペットを練習して「ザ・セインツ」（聖者の行進）も吹けるようになった。でもある時、この楽器は演奏しながらは歌えないということに気が付いた。その頃から私はギターをやりたいと思い始めていた。トランペットをギターととりかえてもいいかと父に頼んだらＯＫだった。それでゼニスのアコースティック・ギターと取り替えた。最初の一本としてはなかなかいいギターだった。そして曲も書き始めた。

出会い・ジョンとジョージ、クオリーメン

アイバン・ボーンという誕生日が私と同じ友だちがいたが、ジョンとも仲がよくてウールトンのジョンの家の近くに住んでいた。ある日“土曜日にウールトン地区のお祭りがあるんだ。一緒に行かないか”と誘ってくれた。“行こうか、どうせヒマなんだ”と答えた。アイバンと私は15才になったばっかりで1957年7月6日のことだった。

ジョン

野外ステージでバンド演奏をやっていた。ステージでブロンドの髪を少しカールさせたヤツが演奏していた。チェックのシャツを着ていて、なかなかセンスのいい、イカして歌もうまいしカッコ良かった。それがジョンだった。ジョンがクオリー・バンク・グラマー・スクールに行っていたことからクオリーメンという名がついていた。私はこ

のバンドがすぐに気にいった。アイバンと私が楽屋へ行くと、バンドは夜に行われる教会ホールのステージの準備をしていた。バンドのメンバーは未成年なのにビールをのんでいた。私はビールなんか飲んだことがなかったが、イキがって“ビールをもらおうか”といって付き合った。夜のステージもすばらしかった。だがガーストンから悪ガキ連中が来ていてケンカが起こりそうになった。何事もなく済んでよかったが不良のたまり場に入ってしまったかなと思った。

クオリーメン

クオリーメンのメンバーは私が「トウェンティー・フライト・ロック」の歌詞を間違わずに正確に歌ったのでとても驚いていた。おかげでビートルズのメンバーになることが出来たんだが……。その頃、アラートンに住んでいる私は自転車でウールトンに住んでいたアイバンを訪ねて遊んでいた。自転車で行けるところに友だちがいるということが大事なことだった。ほどなく始まるジョンやジョージとの往来も自転車の移動範囲だった。ある日、自転車に乗っているクオリーメンのメンバーでジョンの親友のピート・ショットンに行き違った。ピートは“この間の演奏は良かったなー。あれからずっとジョンと話したんだが君バンドに入る気はないかな”と誘ってくれた。その時は“よく考えとくよ”と答えただけだったが、内心は嬉しくて仕方なかった。私はアイバンを通してジョンにイエスの返事をした。

私がクオリーメンに入って初めてのギグ（人前での演奏）を行った場所はブロードウェイだった。もちろんアメリカのではなくリバプールのだけど、当時、そこそこの地方都市は街の地区に有名な場所の名前を借用していた。私はメジャーぽくて気にいっていた。初ステージで私は「ギター・ブギ」という曲をソロでやらせてもらうことになった。リハーサルで私は簡単にやってのけたので、みんな私でいこうとなったんだが。さあ出番になって無茶苦茶に上がってしまって、頭の中は真っ白、指が動かなくなり大失敗となった。ジョージがグループに入ったのにはそんな訳もあった。

ジョージ

スピークスからアラートンに移る前に同じリバプール・インスティチュートへ通学するバスの中で知り合った。ジョージの家と私の家はバス停ひとつ離れていて学校へ行く時にはいつも次のバス停からジョージが乗って来た。お互い年も近かったから、すぐに打ち解けた。それからもそうだったが、当時、一才年上だと相当に兄貴風をふかせた。今でも弟のような気がする。逆にリンゴはすごく大人のように思えた。２才年上だし、ビートルズに入った時には髭を生やしていたし、スーツも着て車も持っていた。

私はクオリーメンのメンバーにジョージのことを話した。“リード・ギターリストが欲しいならそいつしかいないよ”それで“OK、そいつのプレイを聞いてみよう”ということになった。ある夜、他には誰も乗っていないバスの中でジョージの「ローンチー」という曲を聴いた。本当にうまかった。“一緒にやろう、合格だ”その時からグループのリード・ギターリストの座は完全にジョージに明け渡され、ジョンはリズム・ギターに専念するようになった。その頃、ジョンはアート・カレッジの学生だった。私はまだ 15 才、ジョンは 17 才。あの頃にしてみれば、ものすごい差だった。みんなで一緒に何か大人の遊びをしようするとき私とジョージが子どもにみられないかとジョンはいつもヒヤヒヤしていた。

一度ジョージと映画「ブラック・ボード・ジャングル」（暴力教室）を見に行った。主演のビッグ・モローもよかったが、もっと大事だったのはテーマ曲にビル・ヘイリーの「ロック・アラウンド・ザ・クロック」が使われていたことだった。初めてこの曲を聴いたときは、感動のあまり背筋がゾクゾクしてしまった。テーマ曲を聴くためだけに、また見に行った。この映画は１５才以下お断りだった。私は見た目かなりのベビー・フェイスなんだが、大人の前ではけっこうはったりが効いていつもすり抜けていた。ところがジョージはあまりの幼顔で全く通用しなかった。それで笑える話なんだが、その時はジョージの家の裏庭の泥を口髭みたいに口の周りに塗ったら映画館に入れた。とは言うものの、映画そのものには全くガッカリしていた。犯罪に走るティーン・エイジャーの話なんだが、演技やセリフが全くなってなかった。

ロックン・ロールの群像

落ち込んだときに好きな曲を聴くと元気が出るという経験が何度もあった。何よりも音楽が好きだった。そこへエルヴィスが現れた。

エルヴィスたち

ある日、学校で誰かが持ってきた音楽雑誌に「ハート・ブレイク・ホテル」の広告が載っていた。そのエルヴィスがメチャクチャカッコよかった。本物だ。エルヴィスこそが救世主だ！　実際に曲を聴いてみたら更に確信した。すぐにファースト・アルバムも出た。毎日かけっぱなしにして必死になって曲を覚えた。このアルバムがすべての基本になった。

でも、軍隊をやめた後のエルヴィスには夢中になれなかった。あまりにも“いい子”になってしまった。「ＧＩブルース」も「ブルー・ハワイ」も好きじゃない。私にとっては1956年ころのエルヴィスが最高だ。若くてキラキラした目をして、ユーモアがあって、すばらしい声をしていた頃のエルヴィスだった。信じられないボーカリストだった。みんなエルヴィスみたいにうたおうとしていた。ところがそのわずか1年後にハリウッドに行ってしまい、目の輝きを失ってしまった。そもそも『エルヴィス・ライブ・イン・‘56』のエルヴィスは叫び続ける女の子たちを前にしても“そんな声は耳に入らないぜ”ってプレイをしていた。フレーズに合わせて体を動かし、最高のパフォーマンスだった。私たちに言い尽くせないほどの衝撃を与えた。
　チャック・ベリーの「ジョニー・B・グッド」からもすごく影響を受けた。よく通ったジョンの部屋の小さいプレイヤーで聴いたもんだ。「メンフィス・テネシー」を覚えたのもジョンの部屋だった。エディー・コクランのテレビ番組『オー・ボーイ』で見た、当時クリフ・リチャードとかマーティ・ワイルドとか、いいシンガーがたくさんいたけど、ギターを弾きながら歌うのはエディーが初めてだった。ほんとにかっこよかった。

黒人に憧れ

　当時の音楽映画は、たいていB級だった。でなきゃ「暴力教室」のようなテーマ曲だけが目立つ映画だった。テーマ曲以外は冴えないモノクロ映画、ほとんど“黒人のショー”くらいにしか思われていなかった。私たちにしてみればただの“黒人”なんかじゃない。憧れだった。そういう人たちを崇拝していたし、彼らが映画で安っぽい扱いしか受けていないのを、いつも苦々しく思っていた。ところが、『ザ・ガール・キャント・ヘルプ・イット』（女はそれを我慢できない）は画期的な映画だった。まずは有名なオープニング。トム・イーウェルが出てくるシーンだ。彼が“ちょっと待って”と言って画面の左右を広げるアクションをすると、ワイド・スクリーンになる。そして指を鳴らすと、それまでモノクロだったのがカラーに変わる。求めていたのはまさにこれだった！ジェーン・マンスフィールドが出てくるシーンは最高で、彼女のことを見つめていた男の眼鏡が割れるんだ。バックには、リトル・リチャードの「ザ・ガール・キャント・ヘルプ・イット」やエディ・コクランの「トゥエンティ・フライト・ロック」が流れている。ジーン・ビンセントの「ビー・バップ・ルーラ」も出てくる。音楽映画としては今でもNo.1だと思う。ちなみに、私が生まれて初めて買ったレコードは「ビー・バップ・ルーラ」だった。
　当時、たくさんのスターが出てきた。バディ・ホリーは最高だった。

バディはナシュビルの出身で、最初はカントリー・ミュージックで有名になった。私はバディのボーカル・スタイルが好きだし、作曲もだ。ビートルズで重要だったのは自分たちの歌う曲を自分たちで書いたことだった。当時そんなことをしていたのはほとんどいなかった。ジョンと私が曲を作り始めたのは、バディ・ホリーの影響だった。“すごい！この人はミュージシャンなのに曲も書いているぞ”すごく興奮した。バディ・ホリーは黒縁の眼鏡で登場していた。それで眼鏡はカッコ悪いと思っていたジョンも人前で眼鏡をかけることが増えた。あの頃、ジョンはバディになったつもり、私はリトル・リチャードかエルヴィスになったつもりでいた。最初は、憧れの誰かになりきったつもりでいたんだろう。好きな音楽はロックン・ロールだけではなかったし、必ずしもロックン・ローラーを目指していたわけでもない。16才で「ホエン・アイム・シックスティー・フォー」を書いた時はシナトラのために書いた気分だった。ロックン・ロール以外にもすきな曲は沢山あった。

ジョンと私の音楽の趣味はすごく似通っていた。互いに影響を受けた曲を聴かせあっていた。ジョンの好きな曲で「ドント・ブレーム・ミー」は、ジョンのお母さんから教わったみたいだったが、私もいい曲と思い気にいっていた。でも、やっぱり一番夢中になって聴いたのはロックン・ロールだった。私たちは一緒に、曲作りの技術を身につけていった。ジョンは私の書いた歌詞を気にいることもあり、気にいらないこともあった。「ラブ・ミー・ドゥ」や「アイ・ソー・ハー・スタンディング・ゼア」を書きパートナーシップを築いていった。どちらかがアイデアを思いつくと、もう一方が発展させ、それを繰り返していく。ちょっとした競争意識もあった。作品は少しずついいものになっていった。

タレント・コンテストはすべて予選落ち

テレビに出演するためのタレント・コンテストに挑戦したことも

あった。残念ながら落選。バンドを始めてからずっと優勝した経験がなかった。パブや労働者向けのクラブで夜遅く行われるちょっとしたコンテストにも出ていた。でも夜の 11 時にもなると、みんなすっかり酔っぱらっていて、私たちの演奏なんか聴く雰囲気じゃなかった。“いや、僕たちはよかったよ、あいつらはみんな酔っ払いじゃないか”。落選のたびに、そんな納得の仕方をしていた。

語り手 ―――――― ジョージ・ハリスン（George Harrison）

出生とリバプール

出生

1943 年 2 月、リバプールのアーノルド・グローブ 12 番地に生まれた。

リバプールは

私の家があったアーノルド・グローブは家と家がぴったりくっついて建っていて、アビーというアール・デコ（装飾芸術）調の大きな映画館、ピクトン時計台があり小石を弾きつめた道路を少し行くと食肉場があり銃で馬を殺していた。

それにしても、私が育ったころのリバプールは本当に活気があった。マージー（Merseyside; マージー河・河口）はとても有名だった。ほとんどのフェリーが出入りし、アメリカやアイルランドから大型の蒸気船が入って来ていた。古いビルや歴史のある建造物がたくさんあった。その一方、空襲でひどくやられて放置されっ放しの地域もあった。私がリバプールを離れた 1963 年ですら、そこら中に爆弾直撃跡のがれきだらけになっている場所があった。買い物に出かけると何処かの焼け跡で人垣ができていた。フーディニといって縄抜けなどを得意にした魔術師なんかが流行っていた。

頭上にケーブルが通い御影石に小石が敷き詰められた道路を路面電車が走っていた。行く場所によっては地下鉄を使うことがあったが、多くの人はいろんな所へ路面電車で行っていた。その後、私が自転車に乗り始めた頃にはバスが路面電車に代り、線路は全部取り外され石畳にはアスファルトが敷かれていた。

母が土曜日に買い物に出かける時は一緒に連れて行かれた。いろんな所へ連れ回され、年のいったご婦人たちばかり出会ったような気がした。というのも子どもだったので 20 才以上の人はみんな年寄りに見えたのだろう。それからニュース・シアターという古くて小さい建物に入っていて、15 分くらいのばかりをやっている映画館でアニメを見たり、疲れたらコーヒーを飲んだりして休みながら買い物に付き合わされた。

家族・家庭

もともと父は船乗りだった。その仕事がなくなり私が生まれた頃はバス運転手をやっていた。母はカトリック教徒、アイルランド系の家の出で、男女とも子沢山の家系だった。父は、周りの人たちによれば英国国教会だそうだが、どの宗派でもないように見えた。船員であった父はアメリカでレコードを何枚か買っていてハンク・ウィリアムズがお気に入りだった。そのうちの「ウェイティング・フォー・ア・トレイン」が私をギターに向かわせることになった。母も音楽好きでその後のジョンやポールとの「音楽活動」に協力してくれた。

私には兄が二人、姉が一人いた。姉が 12 才の時に私が生まれ、11 才で受ける試験で、その成績次第で進む中学校が異なってくる“イレブン・プラス”を済ませたばかりだった。小さい頃の姉の記憶はほとんどない。17 才で教師の養成学校に行って卒業してからも家には帰って来なかった。一番上の兄・ハリーはEPとLPがかけられるポータブル式のプレイヤーをもっていた。レコードを10枚まで自動的にセットできるけど3枚しか持っていなかった。うち1枚はグレン・ミラーだった。几帳面な性格で出かける時はきちんと片づけていて誰も使っちゃいけないことになっていたが、長兄ハリーが出かけるなり次兄のピートと私がレコードをかけていた。

うちの裏口を出て路地をまがれば母方の祖母が住んでおり、父母が仕事に出ているときはいつもそこで過ごしていた。父方の祖父には会ったことがないが、大工の親方で、医者とかそういった頭を使う職業の人が住むエドワード様式の家をたくさん建てた人なんだそうだ。

家はすごく狭かった。2階に二部屋、下に二部屋。舗道から一歩で家の中で正面の部屋、奥の部屋も一歩で外に出られた。正面の部屋はお洒落なリノリウムの床に応接3点セットが置かれていたが凍える位に寒かったから誰も使わなかった。キッチンはケトル（やかん）のお湯が沸いているし、小さな鉄のコンロがあり、そこでみんな縮こまっていた。裏庭の塀に吊るしてあった亜鉛のバスタブを運んで鍋やケトルで沸かしたお湯を入れて風呂を使っていた。つまりバス・ルームがなかったということだ。ダブデイル（Dovedale）小学校へ通っている間にスピークへ引っ越した。アプトン・グリーン25番地（Upton Green,No. 25）あたりに建てられた公営住宅の一軒に私たち一家の順がめぐって来たんだ。やっとバス・ルームとキッチン付きの家に住めることになった。

後でも言うけど母は音楽好きでジョンやポールと一緒でクオリーメン時代の私たちに理解があって協力してくれたし、一番最初に手にしたギターは母が金を出してくれた。

学校・勉強・成績

学校はあまり好きじゃなかった。

幼稚園　小学校

しばらくダブデイル・ロード幼児学校にいってた。記憶に残っているのは３つ。ゆでたキャベツの匂い、金髪のカーリーヘアの女の子とクラスのみんなで作ったピーター・パンの家が教室の端っこにあったことぐらいだ。あまり楽しくなかった。それからダブデイル小学校へ行った。いろいろ遊ぶものがあり楽しかった。自分では足が速いと思っていたからサッカーが得意だった。私が通っていた頃ジョン（John Lennon）が同じ校庭にいたのだが全く見覚えがなかった。おそらく私が１年生でジョンが最上級（11才）だったからだろう。

グラマー・スクール（進学コース中学校）

ダブデイル小学校を出て上の学校、リバプール・インスティチュートに入った。入ったばかりの時、腎臓を悪くし、その後もしょっちゅう扁桃腺を腫らしていた。インスティチュートの後半になると学校の制服を自分で作りかえたり、かなり自分流の身なりで学校に行くようになっていた。英語の教師にいつも云われていた。“それは学校で履く靴ではありませんね、ハリスン。隅に立ってよくお考えなさい。”

あの頃は僕らはずっとワセリンで髪を後ろに撫で付けて、ロックン・ロールスタイルにしていた。それに校則では帽子とタイ着用、ブレザーには校章を着けることになっていたんだけど、縫い付けずにピラピラさせておき簡単にとれるように胸ポケットにペンを入れて、それではさんでいたんだ。タイもすぐはずしていた。

多少ビクついていた

そうは言っても私の格好はかなりヤバいものだった。正直なところ最後の１，２年あたりは、ずっと毎日退学になるんじゃないかと思っていた。

ジョンのアート・スクールへまぎれこんでいた

ポールも私もグラマー・スクールの生徒じゃないふりをしてサボっていた。隣接のアート・スクールの昼休憩に紛れ込みそこに進学していたジョンに度々会いに行っていた。なにしろポールも私もまだ給食でキャベツとかバッタのゆでたのを食べさせられていた頃だったが、そこではエッグ＆チップスを食べてたし、煙草も吸ってた。それに女の子もいた。今にしてみれば大したことじゃないかもしれないが、アーティストで大人の世界に入り込んだ気がしていた。ジョンは私たちが行くと喜んでくれた。だが、いつもピリピリしているのがわかった。なにしろ私たちはアート・スクールの学生にしてはかなり幼く見えたはずだ。私はまだ 15 才だった。

仕事に就きたくなかったが

新学期になっても学校に行く気がしなかった。かといって仕事にもつきたくなかった。父から金を借りてばかりだった。“ぼつぼつ仕事を見つけた方がいいんじゃないか”と言われて返すことばもなかった。要するにバンドがやっていたかったんだ。そうは言っても、やはり仕事を探さなければいけなくなった。

バス運転手だった父は専門職というわけではなかったので、自分の 3 人の息子はそれぞれ違う専門の仕事に就けようとしていた。実際、長兄は機械工、次兄は板金と溶接をやっていた。それで私に電気工になれと言った。そうすれば一家で自動車修理工場がやれると云うわけだ。私はどれにも向いてないと思ってた。でも父はリバプール・コーポレーションの入社試験を受けさせた。この会社には特に優秀な人が務めているということではなかった。働きたくないからわざと落ちたんじゃなかった。数学がまるでダメだから見事に失敗した。すごく恥ずかしかった。

それで職業安定所でショウ・ウィンドウの飾りつけの事業所を紹介された。行ったら「もう間に合っている」と別な会社を教えてくれた。そこを訪ねたら電気工見習として雇ってくれた。めぐりめぐって父の希望がかなったんだろう。それでもまだ私はミュージシャンになりたかった。

ビートルズへの道　クオリーメンまで

音に執着、ギターで表現

子どもの頃、ラジオで聴ける曲なら何でも聴いた。アイルランドのテナー歌手、ダンス・バンド、ビング・クロスビー。両親の持っているレコードをかたっぱしから聴いていた。イギリスのミュージック・ホールでやったような古い音楽ばかりだった。レコードの真ん中の穴が中心からずれて変な音に聞こえるのがあった。"Why do all the engines chuff-chuff?（なぜエンジンはシュッシュッっていうの？）It's fire, fire, fire, fire, fire."「ファイアー、ファイアー、ファイアー、ファイアー、ファイアー」というのもあった。延々と歌詞が続いて、消防車とか、みんなが息を飲む声とか、建物の中に取り残された人たちの声とか、そういう効果音も入っていた。両面入っているやつでね。片面が終わると、"エー皆さん、裏返すともっと聞こえますよ"って声が入っている。それで裏返すと、またリフレインが始まって、20番ぐらいまで続く。すごく気にいってた。こんな効果音やズレた音なんかビートルズになってから大いに使わせてもらった。なにか耳にして、好き嫌い、自分に関係ないって思うことがある。ところが音楽は時空を超え超越的なので思いがけないところに届き、表現しようのない影響を与えてくる。何年も経ってひょっこり顔を出してくることがある。ビートルズはあらゆるタイプの音楽に触れていて幸運だったと思う。私たちは流れてくるものは何でも聴いた。ラジオやレコードで耳にする音楽や「音」が何よりの楽しみだった。

ダブデイル小学校からリバプール・インスティチュートに進学した12か13の時に腎臓を悪くして6週間入院して非蛋白性の食事療法をやらされてホウレン草とかゾッとするようなものばかりたべさせられたことがあった。もっとも小さい時から扁桃腺とか腎臓の炎症とかしょっちゅう病気をしていたんだが、時間を持て余し単調で退屈で辛かった。ギターを欲しいと思い始めたのはその頃だった。ちょうどダブデイル小学校でいっしょだった子がギターを売りたがっていて、結局、3ポンド10シリングという大金だったが母が金を出してくれた。見てくれは安っぽいギターだったが全然かまわなかった。

父は船乗りの頃ギターをやっていて、バス運転手に代わってからやめていたのだが、私がギターを始めたので旧友で酒屋をやっていたレン・ヒューストンを紹介してくれた。店の2階で毎週木曜日に2、3時間教えてもらいレコードも聴かせてくれて、いろんなタイプの曲、新しいものだけでなく20年代、30年代も教えてくれた。ほんとによくしてもらった。

ポールとジョン

ギターを手に入れた頃にはポールと出会っていた。学校から帰るバスの中で知り合い、私の家はバス停から更に20分歩かなければならなかったが、ポールはウエスタン・アベニューのバス停のすぐ傍だった。同じ制服を着て、同じバスで私はポールのトランペットに、ポールは私のギターに気づき、それで仲良くなった。（その時に私は13才でポールは9か月上の14才でこの差は今でも変わらない。）で間もなくポールはスピークからアラートンのフォースリン・ロードに引っ越し、自転車で20分、今だったら車では3分だからその近さには驚く。その頃ポールは歌いながらトランペットは吹けないことに気が付きギターを始めたわけだ。

ジョンについてはリバプール・インスティチュートに通っていたアイバン・ボーンというヤツがジョンの近所に住んでいてポールをジョ

ンに紹介し、それから私という順になった。すでに学校では評判の男でアート・カレッジの学生だった。初対面の場所も印象もあまり覚えていない。いいヤツだなと思ったくらいかな。あの年頃の私はとにかく音楽をやりたいというだけだった。音楽やってるヤツとか、歌ってるとかは、会えばすぐ仲間になれるんじゃないかな。

ミミおばさんと私の母

知り合って程なくポールと一緒にジョンの家にいった。インスティチュートに通っていてかなり幼く見えていたらしかったが私たちはテディ・ボーイ風がキッチリ決まっていたようだった。ところがミミおばさんはすごく几帳面で厳しかった。「どうしてこんな子たちを連れてくるの、ひどい格好だわ」と見事に嫌われた。するとジョンが「うるさいんだよ、メアリー、黙ってろ」とやり返す。こんな様子だからジョンが私の家に来ることがほとんどだった。

ジョンはしょっちゅう我が家に来ていた。私の母は大の音楽好きで皆を歓迎してくれ、私が音楽に興味を持ち始めることをすごく喜んだ。ほんの少しだがウイスキーも出してくれた。本当にうれしそうだった。

ロックン・ロールへの道

スキッフル、すべてルーツは黒人奴隷の文化だった

10代初めの頃スキッフル・ブームが起きた。ブルースから生まれたものでパフォーマンスの形が私たちリバプールの白人にも受け入れやすかった。何よりも、すごく安上がりだった。ウォッシュボード（洗濯板）、茶箱を使ったティー・チェスト・ベース、ほうきの柄に弦を張ったやつ、3ドル10シリングのギター、それだけあればよかった。音楽を始める取っかかりになっていた。「ミッドナイト・スペシャル」「ウォッシバン・キャノンボール」「ロック・アラウンド・ラ

イン」などの一連の曲、すばらしい曲が何百とあった。こうした曲すべてルーツは黒人奴隷の文化だった。

そんなわけで皆スキッフル・グループへ入っていた。ほとんどのグループはいつの間にか消えていき、残ったグループは60年代にロック・バンドになり伝説になった。私も友だちとそいつの兄とレベルズというグループを作った。もっともブリティシュ・リージョン・クラブで一度ギグ（人前での演奏）をやっただけだったが。

ロックン・ロール

たくさん行ったが、コンサートの中ではエディ・コクランが最高だった。黒のベスト、黒の革ズボン、ラズベリー色のシャツを着ていた。オープニングは「ホワッド・アイ・セイ」だった。カーテンが開くと観客に背を向けながらリフ（反復節）を弾いている。彼のオリジナルはもちろん、カバー曲にも感心した。レイ・チャールズの「ハレルヤ・アイ・ラブ・ハー・ソー」などだった。曲の間に女の子が“エディ！”と寂しげな声で叫ぶ、するとクールな彼が“ハイ、ハニー”と囁（ささや）くように返す。“これだ！と思った”これだ—これこそロックン・ロールだ“　エディ・コクランはそういうものをわかっていたんだ。

クオリーメン

メンバーは入れ替わり立ち代わりだった。そのうちジョンとポールと私の３人だけが残った。結婚式とかパーティーで演奏していて、私の兄のハリーが結婚した時も３人で演奏した　——　酔っぱらったままだったが。キャバーン（後にビートルズのビッグ・バン的デビューの場となったライブハウス）にも一度出た。当時のキャバーンはまだジャズクラブで、私たちがロックン・ロールをやったので追い出されそうになった。

それからアート・スクールのパーティでもやった。そのパーティで最高だったのは、おそらくジョンもポールもまさしく同じ意見だったと思うが、誰かがレイ・チャールズの「ホワッド・アイ・セイ」をもってきてたことだった。一晩中そればっかりかかってた。8時間か10時間くらいノンストップだったと思う。

語り手――――――――リンゴ・スター（RINGO　STARR）

出生とリバプール

出生

私は1940年7月7日リバプール8、マドリン・ストリート9番地に生まれた。母がよく言ってた、私が生まれたから戦争が始まったんだって。意味が分からない。とにかくそういってた。そういうふうにしか祝えなかったんだろうか……

リバプールは

暗くて怖いところで私が12才から通った学校のあったディングル（Dingle）は特に荒れた地域だった。あの頃はまだ悪い連中も沢山いたし、ケンカとか強盗とかがしょっちゅうだった。それでも子どもは安全、女性も安全、年寄りも安全だった。この区分の人たちには誰も手を出さなかった。だけど今は全くいやになる、車椅子の人を引きずり降ろしたり、90才のおばあさんを殴ったりする。最低の臆病者だ。あの頃だったら、そこいらの不良がそろって出てきて、そいつを探し出して袋叩きにするだろう。かつては悪いヤツらでもそういう気構えがあった。とはいえ、昔も今もわが心の拠り所リバプールである。

それに子どもにはすごく楽しいところだった。デイビィー、ブライアンと私は三銃士だった。どこへでも3人一緒で、すごく仲が良かった。探偵やカウボーイになりきっていた。10 才か 11 才まで私にはこんな世界で育った。空襲の焼け跡も天国だったので爆撃にあって死んだ人のことは頭になかった。バスに乗るお金はもちろんない。何処へでも歩いて行った。8、9 才くらいでスピークや、街はずれの公園、5 マイル、8 マイルでも平気で歩いて行った。自転車に乗るようになるのはもっと後だった。母が中古の自転車を買ってくれて、ウェールズまで行って帰ってきた。そしたら体中が痛くてたまらなくなり自転車に興味がなくなった。ノース・ウェールズまではせいぜい 30 キロか 50 キロだったのだが。

家族・家庭

父方、母方とも、世の中にあふれ返った貧乏なワーキング・クラスだった。父はパン屋だった。だから戦時中でも砂糖は切らしたことはなかったが、私が 3 才の時に出て行った。私は母と二人でとり残された。父の思い出はほとんどないが、ひどいヤツだったと母に洗脳されていたから好きになれなかった。ということで、母は私に食事や着る物を与えるために本当に何でもやっていた。バーのウェイトレス、階段の床磨き、食料品の店。もともとワーキング・クラスだったけれど、リバプールでは父親がいなくなったら更に下の層になってしまう。それに大した家じゃなかったけどマドリン・ストリート（Madryn Street）からアドミナル・グローブ（Admiral Grove）へ引っ越さなければならなくなった。隣の通りに移っただけなんだが寝室 3 から 2 へ、バス・ルームがないしトイレは外だった。

リバプールではみんな祖父母の家のそばに住んでいた。私は祖父母と母に育てられた。奇妙なことに父方の両親で、母方ではなかった。だがふたりとも私をすごくかわいがり、よく面倒を見てくれ、休みには旅行へも連れて行ってくれた。祖母は大柄で祖父は小柄だった。祖父は埠頭で働きものだったが、酔っぱらっておかしなことを始めると祖母は腕まくりをして祖父にファイティング・ポーズをとり“いい加減にしろ、このろくでなし”と叱りつけた。大した女性だった。階段みがきとか、いろんなことをやって、頑張って生きていた。一人っ子でもあり皆な私に目が向き優しかった。

ハリーが現れたのは私が 11 才のときだった。バートンウッド（Burtonwood）のアメリカ軍基地で塗装と室内装飾をやっていた。いつも面白い話をしてくれて音楽にも詳しくいろんな曲をおしえてくれた。私も母もハリーが大好きだった。やがて母はハリーと結婚するといった。“お前はどう思う？”と聞かれた時はかなり腹が立った。それでも私がダメだといったら母があきらめるのはわかっていた。だから“もちろん、最高だよ”と答えておいた。幼心には辛かった。そして母は私が 13 才の時にハリーと再婚した。その後、私がドラムに取りつかれ薪でドラム缶を叩いていた頃、ハリーは実家の不幸でラムフォード（Romford）に帰った時 12 ポンドのドラムセットを見つけ家族の人とお金を出し合って、私にクリスマス・プレゼントでくれた。

ちょっとしたケンカはしょっちゅうあった。私が相手をやっつけたら翌日にはもっとでかいヤツが校門の前で待っていた。どちらかというと私は損な巡りあわせが多かった。頼もしい兄貴がいればなあと思っていた。父親も兄もいなかったが母は私のために闘ってくれた。でかいヤツの家に行ってドアを叩きつけて家人に話をつけてくれた。病弱な私には頼もしい母であり、母にとって私は宝物であった。

学校・勉強・療養

いつ行っても学校は気がめいるとこだった。初めて行った時のセント・サイラス・スクール（St. Silas's School）。地球で一番でかい建物、校庭には百万人くらい子どもがいた。その中に私がいてすごく恐かった。学校へは全部で 5 年間行ったかどうか。6 才半の時ひどい腹膜炎になって、盲腸が破裂した。女医さんが診察のため脇腹を押した。その時の痛みは其の後も経験したことがない。手術を始めたら腹膜炎を起こしていることがわかった。時代が時代なので母は明日の朝まで持ちませんと3回言われたそうだ。本当に運がよかった。意識が戻ってもずいぶん長い間、不安にさいなまれた。母の並々ならぬ愛情の深さを後で知った。ほとんど毎日病院に来てくれた。

長い間ベッドで寝かされていたのでコインや紙切れでもなんでも足でものを取るのがすごくうまくなっていた。ところが隣の子が私のおもちゃのバスを見たいというのでベッドの横の棚から取り出そうとして身を乗り出しすぎて1メートルくらいの高さから落ちてしまった。それで手術の傷が全部開いてしまった。危なかった。更に半年入院した。一年近くの入院と退院後の療養で2年くらい学校に行かなかった。先生からの特別の計らいもなく授業についていくことが出来ない。ますます学校が嫌いになってくる。母に学校へ行けと家を追い出される。9歳まで字の読み方もわからなかったが、母は仕事が忙しく私の勉強までは気が回らなかった。幸いなことに母の友人アニーの娘、マリー・マグワイアが『ドビン・ザ・ホース』*Dobbin the Horse*を教科書にして読み方を教えてくれた。だから読むことは出来るが書き方・スペルがダメだった。もっと早くから勉強しておけばよかったと思ったが、12才でディングル・ベイル・モダンスクール（Dingle Vale Secondary Modern School）に移った。その学校にもあまり行かなかった。

13才の時、肋膜炎になり2度目の入院となった。丸1年温室みたいなとこへ入れられていた。思春期だったので看護婦さんのお休みのキッスにはしゃぎまわった。病棟は男女別2棟に分かれていてみんな熱に浮かされたように女子の病棟へ忍び込んでごそごそやっていた。ただガールフレンドが出来ても病気が治れば出ていくから長続きはしない。それにあの頃はみんな奥手だった

初体験は16くらいの頃、セフトン・パークだった。芝生に寝転んでいて「ゴースト・ライダーズ・イン・ザ・スカイ」が聞こえていて最高だった。長いこと頭から離れなかった。

ビートルズとの出会い

2度目の入院の前、パーク・ロード（Park Road）の小さな楽器店の前を通って学校に通っていた。ギターやバンジョー、アコーディオン、マンドリンなどいろいろ飾ってあったが私がいつも必ず見るのはドラムだった。そこにあるタムタムを見るたびにドキドキした。値段は26ポンドで当時としては大金だった。

私がドラムをやりだしたのは1954年の入院中だった。私たちが退屈しないように病院が楽器を少し教えてくれた。私は自分がドラムの番になった時だけ参加した。入院は10か月。自分で何か面白いことを見つけなければというところから本気でドラムをやりだした。退院するとあちこちの楽器屋でドラムをチェックするようになった。ドラムしか目になかった。

14才頃から音楽をよく聴くようになりレコードを3枚買った。その頃30シリングでドラムを買った。大きな片側だけ張られたバス・ドラムだった。親戚や家族でよくパーティーがあって、各自が何か楽器をやってた。そこへ私が入り込んで薪2本でドンドン鳴らす。気を使ってくれて“ああ、すごいね”と言ってくれるが、すぐに追い出された。

13才からはもう学校に行ってなかった。あの頃は中退者でも簡単に仕事が見つかった。まず鉄道のメッセンジャー・ボーイ、それから遊覧船……。

他方で私は徴兵が恐くてたまらなかったが、1956～57年あたりになると軍はちゃんとした仕事に就いていれば徴兵しないとの話が広まっていた。それで知り合いの工場で機械工見習になった。週に一回学校に行って、残りの日はみんなと働いた。この工場が私にとっての最後のまともな職場であったし、ロイ・トラフォードとも出会った。ロイも私もロックン・ロールが大好きで、テディ・ボーイだった。リバプールは怖いところでどこかのグループに入ってないと誰からも攻撃される。ジョンやポールやジョージは大変だったと思う。不良仲間に入ってなかったしテディ・ボーイでもなかったからだ。

リバプールにはワーキング・クラスのタフな不良がそろっていた。でかくて丈の長いジャケット、ぴちぴちのズボン、ゴム底靴。ベルトのワッシャーとバックルはヤスリをかけて鋭く尖（とがら）せておく。そういうベルトで殴られたら当然大怪我をする。テディ・ボーイというのはほとんど狂っている。よくよその地区のヤツらとケンカになった。私はケンカは強くなかったが走るのは早かった。ぐずぐずしてるヒマはない“おまえだ！こっちに来い！”でやられてしまう。ナイフで刺したこともないし、人を殺したこともないが何度かたたきのめされた。たいていは自分の味方にやられた。ところが音楽をやりだしてからはやめたくなった。ロイと私は音楽に取りつかれたおかげで抜け出せた。19才で完全に抜け出せた。

イギリスでも1957年からスキッフルが大流行した。私もエディ・マイルスとロイとでバンドを作った「エディ・クレイトン・スキッフル・グループ」が最初に入ったバンドだった。（エディ・クレイトンなる人物は実在していなかったが）。エディは旋盤工、ロイは建具工、私は機械工見習、全員同じ工場で働き、昼休みに地下で職場仲間相手に演奏していた。それから他の職場仲間も加わりタダで出られるクラブとか結婚パーティなど何処でもいった。エディ・クレイトンやほかのバンドとも一緒に、よその地域のダンス・パーティに出るようになった。そうこうして昼は工場で働き、夜はドラムを叩くセミ・プロになり私のキャリアが始まり、リバプールのさまざまなバンドを渡り歩くようになった。

先ず当時一番の人気・実力だったダークタウン・スキッフル・グループ、次にロリー・ストームと組み、次にトニー・シェリダン……やがてビートルズ。その中でロリー・ストーム＆ザ・ハリケーンズは特別だと思っていた。リバプールで本気でロックン・ロールをやろうとした最初のグループだったし、オーディションを受けたら直ちにイエスだった。その時私はテディ・ボーイのいでたちだったので、後のビートルズもそうだったらしいが、参加させるのにはやや不安であったらしい。グループはイギリスの北の端から南まで、外国へも行った。そうこうするうちに、ドラムセットを抱えた移動でいろいろトラブルや不便、情けない体験をしたので仕事とドラムで少し稼げるようになったこともあり、18 才で最初の車を買った。でかい車だった。

徴兵廃止でプロに転向

1959 年、軍隊は 1939 年 9 月生まれ以降に生まれた者から、確かそうだったと思うが、徴兵しないことを決めた。1940 年 7 月生まれの私は“やった、これで音楽がやれる”と小躍りして安心して工場をやめた。私の家はみんな労働者か兵隊だったのでミュージシャンを目指すことには反対だった。工場のボスも反対した。私はもちろん、かまわず、ドラム、我が人生を目指した。その夢をかなえるためステイタスであったバトリンズ休暇村（Butlins, Rock and Calypso Ballroom）での演奏をめざし、実現させた。

印象に残らなかった：ひよっこビートルズ

私たちはその頃バトリンズ出演を控え、スーツも靴も揃えていて、大物気分でいた。ある日の午後、打ち合わせがあってリバプールのジャカランダ・クラブへ行った。いつもは夜にどこかのバンドが演奏しているのだが、その時はメチャクチャなギターが聞こえてきた。ロリー、ジョニー・ギターと私の 3 人は下へ見に行った。知らないヤツらで、まだ芽の出ない頑張っている子どもたちに見えた。大して印象に残らない―クズの集まりだった。後でわかったこのだがジョンとポールがジョンのアート・カレッジの親友スチュアート・サトクリフをレッスンしているところだった。

＊　ロリー・ストーム＆ザ・ハリケーンズは一時期リバプールで NO.1 バン

ドになった。揃いのスーツおかげだった。後にマネージャーのブライアン・エプスタインがビートルズで同じことをやりだした

バトリンズ休暇村

毎週バスで女の子たちがやってくる。週末には涙の別れがあり、そしてまた次のバスがやってくる。無論、一番の目的はロックン・ロールでありロックのプレイであったのだが。それまでもいろいろあったが、ある女の子と婚約した。結局は長続きしなかった。“わたしか音楽かどちらかを選べ”ということであった。とにかく音楽をやっていたかった。バトリンズでやっているときは羽振りがよかった。工場では週に6ポンドだったが、バトリンズでは20ポンドだった。

＊　いつもきらびやかだったわけでもない。失業手当にもずいぶんお世話になった。“工場を辞職し、ダンス・バンドに加入”と記入された社会保障省からの通知も持っていた。

1960年の秋・ビートルズ：こいつらに何があったんだ。

私とロリーは一緒に訓練を積んだ。よそでステージをやっては、またリバプールに戻ってくる。そんなことを繰り返しながら私たちは絶好調だった。ハンブルク行のオファーがあったときも最初は断った。それでも1960年秋、ついにドイツに行くことになった。そこでビートルズと出会う。いったい何があったんだ？と思った、こいつらに。

第2章

ハンブルク,ビートルズの成立
(1960～1962)

“私を育ててくれたのはリバプールじゃない
ハンブルクだ“　　　　　　　　ジョン・レノン

“I GREW UP IN HAMBERG, NOT LIVERPOOL.”
John Lennon

確かに街を行く全く無関係の大衆の心を瞬時にしてとらえるビートルズはハンブルクで胎生された。ロックン・ロールに取りつかれた街の少年たちは世界への発信者となるために否応なく原型形成され、ビッグ・バン的デビューへのマグマが醸成された。ここに云う「成立」とは単に「ビートルズ」と名乗ったということではない。ドラムがピート・ベストからリンゴ・スターに交代し、さらにEMIからシングル盤*Love Me Do*（ラヴ・ミー・ドゥ）を発売し、世界に向かってデビューするに至る原型が形成されたことを言う。
ハンブルクとビートルズの成立について4人に語ってもらい、以降のチーム・ビートルズの主なスタッフの自己紹介を加えたい。

語り手――――――――――――――――――――ジョン・レノン

命名・ビートルズの由来

私たちのお気に入り歌手でバディー・ホリディのバックをやっていた“クリケッツ”だが、「クリケッツ」には、競技のクリケッツ・cricketと“バッタ”のクリケッツの二通り意味があった。そこで私たちはクリケッツ・バッタから派生して“カブトムシ”beetlesを思いついた。そして出る場所によって名前を使い分けようと思った。だがBEETLESだけではモゾモゾはい回る虫だけになりそうだからEEをEAに代えてBEATLES、つまりBEAT・MUSICのビートルズとした。

ハンブルク行き、ステージ8時間

リバプールであっちこっちまわっていたが、あまり仕事は来なかった。先も見えてこなかった。そうこうするうちにハンブルク行きの話になった。ところが前々からグループにはドラマーがいなかった。それで私たちの知ってるヤツ（ピート・ベスト）がドラムを持っているのでオーディションした。そしたら何とかビートが刻めたので連れていくことにした。

アラン・ウイリアムズ（リバプールのクラブ・オーナー）が私たちをバンに乗せオランダを通り抜け、ハンブルクへ連れて行ってくれた。オランダで少しばかり万引きをした。ハンブルクで私たちは薄汚い壊れかけた映画館の女性用トイレのすぐ隣に住まわされた。夜遅くベッドにもぐりこみ、翌朝は映画の音で目が覚める。朝、目が覚めると隣で年取ったドイツ女が小便している。そういうところで私たちは顔を洗っていた。そこが私たちのバス・ルームだった。朝一番にそこでトイレを済ませようとしたら太ったドイツ女に押しのけられた。かなりキズついた。

リバプールではステージに立つのはほんのわずかな時間だったので毎回私たちの得意の同じような曲ばかりやってた。ジョニー・ジェントルのツアーでもステージに立つのは 20 分くらいだった。ところがハンブルクでは 8 時間ステージに立つので、今までとは違う方法を考えなければならなかった。相当に緊張した。ちょっとヤバそうで小さいクラブだったけれどダンス・ホールと違い観客の皆が何かを期待していた。それに恐怖感があった。

パフォーマンス

初日は冷ややかな反応だった。2 日目のステージ前、店のマネージャーに " 昨夜はひどかった、とにかく派手にやれ、他のグループみたいにだ " と云われた。そしたら普段、ビートルズの連中は " リーダーなんかどうでもいい " という態度のくせに、何かしらプレッシャーがかかってくると、" ジョン、君がリーダーだろ、何とかしろよ、君が先に立って引っ張ってくれなきゃ！" と急変する。ということで私たちはリバプール出身なんで生意気なとこがあるはずと思うことにした。生意気な人間が次々に出てくるという伝説を信じることにした。そこで私はギターをステージに置き、床を叩いたり寝転がったり、マイクを振り回したり、足が悪い振りをした。かなりいい経験になった。

クラブには私たちとは別にもう一つのバンドがいた。もう一軒別の店を掛け持ちしていたがサックス・プレイヤーもいて人気がありよくまとまっていた。黒人の歌手がいて歌はイマイチだが生粋のショーマンだった。まずは、この連中と競わなければならなかった。店で演奏を続けるには、自分たちのショーでクラブに客を引き込まなければならなかった。

しばらくして店を移った。リンゴがいたロリー・ストームが出ていた。完全なプロだった。リンゴたちはもう何年もやっててステージのやり方をわきまえていた。私たちはまだアマチュアだった。例えば、フロア中を飛び回り回って「ホワッド・アイ・セイ」を一時間半以上やっていた。「ホワッド・アイ・セイ」はあらゆるギター・リフの元祖だと思う。私たちはギターで何とかあの低音を出そうとした。そして「ホワッド・アイ・セイ」は今も進化を続けている。

私は酔っぱらうと他のメンバーが演奏している間、ステージのピアノの後ろでぐっすり寝ていた。それからステージでしょっちゅう何かを食べていた。普通に食べる暇がなかった。食べて、煙草吸って、悪態ついて疲れたら寝ていた。

店には地元マフィア、ゴロツキ連中も客で来ていた。ドイツのまがい物だったけれどシャンペンを箱ごとステージに回してきて「ホワッド・アイ・セイ」をやれと命令する。朝の5時に来てもそうだった。云うことを聞かなかったら殺されてしまう。私たちがその前に7時間演奏していても全くお構いなしだった。

自信もつき始めていた。多くの場数を踏み一晩中演奏していた。お客さんが他国の人ということも力になった。リバプールをはるかに超える表現をしなければわかってもらえなかったからだと思う。何時間も何時間もぶっ通しでやらなければならなかった。ハンブルクでは、どの曲にも20か所、それぞれに20分以上ソロがあって、8、9時間ぶっ通しでやってなければならなかった。それにドイツ人はハード・ロックが好きだったからガンガンやりまくらざるを得ない。ロックばかりやっていた。私たちも段々勢いがついてきた。おかげで格段にうまくなった。

私たちはハンブルクで神がかり的に進化した。ドイツ人の客を煽(あお)ってハイテンションのまま12時間ぶっ通しでやった。本当に気合を入れてないとダメだった。イギリスにこもっていたら成長はなかった。手本すらなかった。一番好きなものをやっていた。ドイツ人も気に入ってくれた。でかい音ばかりやっていた。

ステージと酒と女、それで寝る時間がなかった。

リバプールにかえって

就業許可やビザやその他のトラブルで、みんなドイツ国外へ追い出され、私ひとりハンブルクに残された。仕方なく他のミュージシャンと組んで演奏していたが、ほとんど金を使い果たし飯代にも事欠いていた。やっと国に帰ることにしたが自分が哀れになった。イギリスまでたどり着けないと思った。結局、家に着くまでずっと腹ペコだった。

家に帰ってから皆に何週間も連絡さえ取らなかった。ロックとは別に画家や詩人まがいのこともやっていた。ナイトクラブに出演し、いかがわしい場所をうろつくことが私のやりたいことなのか。私の中では修道僧とパフォーマンスで跳ねまわる人間が同居していた。そうした中でポールとジョージに再会した。2人とも"もう仕事をしてもいいじゃないか"と怒っていた。そんなこんなだったが、しばらくすると、ハンブルクで毎晩あれだけの時間演奏したんだからリバプールのビート・シーンでひと儲けさせてもらっても良いかなと思うようになった。ところが今度はポールが父親に従っていた。仕事に就けと云われてグループを抜けかかっていた。それで電話した。"来ないんだったら、もうお別れだ"私か父親か選ばなくてはならなかった。そして私の方を選んだ。

初めての晩から、いきなりの大人気だった

客の7割は私たちをドイツから来たと思っていた。すごいグループでハンブルク出身だと思っていた。殻を破って思いっ切りやれるようになったのはあの晩からだった。他グループやみんながクリフ・リチャード（従来のスタイル）やっているとき、私たちは遥か先を行っていた。古き良きキャバーン時代は、半分がアドリブで、コメディアンみたいなものだった。メチャクチャやって客席に飛び込んで何でもやった。

あるホールですごくたくさん人が入っていた。それでよそのマネージャーも来ているはずだから、まだまだ仕事が増えると思っていた。実際はそこのホールが他のプロモーターを近づけないように用心棒に私たちを取り囲ませていたのだった。だから他の何処からも誘いはかからなかった。とはいえそこのホールはそれまでよりも数ポンド高い一晩８ポンドで続けて出してやると言った。私たちは喜んでいた。

２度目のハンブルク行き

オファー（バンド・リーダーでプロデューサーのベルト・ケンプヘルトからトニー・シェリダンとのレコーディング）が来たときは楽にこなせると思っていた。ドイツのレコードはクズばかりだから私たちの方がいいに決まっていると思っていた。それで５曲レコーディングしたが売れなかった。「マイ・ボニー」みたいなやつが好まれた。トニー・シェリダンが歌って、私たちがバックをやる。誰がやっても売れそうな曲だった。

当時は何処に向かっているのかわからなかった。仕事があるかないかだけだった。夜６時間も演奏しているのにたった２ドルだけもあった。寝ないためにドラッグまでやらなければならない。どこかおかしいと思っていた。今振り返れば私たちの全てを出し切っていた素晴らしい時代だったのだが。

同じことのくり返しは、しなかった

15～20人のミュージシャンと一緒にプレイしたこともあった。どんなグループもやらなかったようなステージを見せた。有名になる前の話だ。私たちは自然に、私たちがいいと思った方法で自分たちを表現していた。そこへ店のマネージャーがあらわれて“ああしろ、こうしろ、あれやれ、これやれ”と云い始めた。私たちは妥協しながら有名になった。

ドラマー、ピート・ベストからリンゴ・スターへ

ピートは罪のないヤツだったがほかの皆とは少しずれていた。彼がグループへ参加したのはハンブルクへ行く時、他にドラマーがいなかったからだ。4ビートしかできなかったし、ちゃんとしたドラマーが見つかったら何時でも降りてもらうつもりだった。とはいえ、ピートはルックスがよくて女の子にもてていたからドラムが出来なくてもかまわなかった。彼をクビにするときには私たちは卑怯だからブライアン（後出）にやらせた。私たちが面と向かって言い渡していたら、かなり後味の悪いものになっていたと思う。

その後ピートは“ピート・ベスト・バンド”としてアメリカをツアーしたがうまいこと踊らされたようだった。その後結婚してパン屋で働き始めて、こうなってよかったと言っていた。ということをどこかの本で読んだ。私たちと違って、いろんなことを免れられてよかったと思う。

リンゴのことは知っていた。リバプールで二大トップ・グループの一つでロリー・ストーム＆ザ・ハリケーンズのドラマーだった。トップ・ドラマーの一人だった。私たちが知る前から純然たるスターで名前は知られていた。ビートルズじゃなくても、どういう形にせよリンゴの才能は認められていたはずだ。

シンシアと結婚

アート・スクール時代からの付き合いだったシンシアと結婚した。デビュー・レコードを作る直前だった。1962年の8月だったと思う。妊娠を聞かされ“じゃあ結婚しなくっちゃ”といって決まりだった。結婚する前日、ミミに話したらうなずいただけだった。登記所で手続きの間ずっと外で道路工事中だったので担当の云ってることは一言も聞き取れなかった。それから道の向こうへ行ってチキンのディナーを

食べた。まったくのお笑いだった。これでグループとはお別れだと思った。グループの誰も女の子を連れてきたことがなかった。そうすればファンが減ると思ってた。後になればそんなことはお笑い草だったんだけど。でも実際、すごく恥ずかしい気がした。結婚して歩いているということが、左右違う靴を履いているか、ズボンの前を開けてたまま歩いているのと同じような気がした。ポールもジョージもリンゴも、“へーそうなんだ”という反応だった。あの頃は今と違って余分な時間がなかったからだろう。

マネージャー、ブライアン・エプスタイン

エプスタインはレコード屋で客の相手をしてるだけで、やることがなかった。そういうときに不良のロッカーが大音響でやってるのを見て、多くの若者が夢中になるのを知った。あの雰囲気が気に入り自分の仕事だと知ったんだろう。自分にはマネージャーが出来ると言ってきた。ブライアンは有能で金持ちに見えた。それしか覚えていない。マネージャーになろうとしてたけど私はなかなか納得できなかった。ポールは人あたりがいいからきつい態度はとらなかった。そうは云っても、私たちもマネージャーにはブライアンより出来る人間を知らなかった。“わかった、やってくれ”と言った。

リバプールから南へ行くとレザーを着ているグループはダンス・ホールのプロモーターなんかにはゴロツキの集まりみたいに嫌われた。それでエプスタインが“君たち、スーツを着ればこれだけのカネになるよ”と言った。皆もステージ以外を含めて、仕立ての良いシャープな黒いスーツが欲しかった。“ああいいよ、スーツを着よう”ということになった。

以降、ブライアンは何時もきちんとしたスーツを着させようとした。ポールはすぐ従った。私はジョージを味方にしてよく言った。「こんなスーツなんか要らんよな。捨てちまえ」と反抗した。ところが初めてテレビに出た時の映像を見ると私たちはスーツを着ている。私たち

はあの時から自分を裏切り始めた。ブライアンは言った。“本当にもっと大きなところでやりたかったら変わらなきゃだめだ。ステージでものを食べるのはやめろ、 汚い言葉を使うな　　煙草を吸うな　ジーンズはあまりスマートじゃないから、きちんとしたスラックスを履かないか……”ブライアンはイメージをクリーンにしようと考えたのではなく恰好が間違っているといったんだ。かしこまった服装をさせようとしたんじゃなくて個性をわからせようとしたんだろう。
成功するか　ステージでチキンを食べ続けるか　私たちは彼の考えを尊重した。

ビートルズを売り込め

デッカ（Decca、レコード会社大手）のオーディションの結果を待った。長く待たされて不採用がようやく分かった、これで終わりだとその時は本当に思った。ブルージー過ぎる　ロックン・ロール色が強すぎる
ロックは過去の音楽だといつも言われていた。みんなロックは死んだものと思っていた。間違っていたのは彼らの方だった。当時はああいう音楽をやる人間はそんなにいなかった　デッカは洗練されたグループを期待していたんだろう。私たちの将来性を見るべきだった
オリジナルをやりだしたのはリバプールやハンブルクの時代からだった。初期のものだが、ポールはそれ以前に15才くらいから始めていた。「ラブ・ミー・ドゥ」は思い切ってやる気になった最初の曲だった。かなり勇気がいることだった。レイ・チャールズとかリトル・リチャードとかそういう超一流アーティストの曲をやっていたんだから。そんな中でちょっと気が引けた。自分自身で少し軟弱だと思っていた。そういう気持ちを乗り越え、やるだけやってみようという気になった。15ポンドかそこいら払ってデッカのスタジオでテープを作った。それをもってブライアンが売り込みに歩いた。オーディションで要求されたのはシャドウズ（従来のスタイル）だった。新しい物はまともには聴いてくれていない。ロンドンから帰ったブライアンは私たちの顔

をまともに見てなかった。20回くらい断られていた。私たちはかなり不安定な状態だった。成功できるなんて思えなかった。ブライアンとジョージは成功できると言っていた。その頃には垣根が取れていたからブライアンと私たちは互いに傷つけるようなことも言い合っていたと思う。しょっちゅうケンカしていた。

私たちとレコード会社の闘いだった。ブライアンが歩き回ってくれたおかげでEMIと契約できた。そしてジョージ・マーチン（後出）と出会わなかったら芽が出ないままに終わっていただろう。

語り手 ―――――――――――――― ポール・マッカートニー

ビートルズ命名・由来（追加）

マーロン・ブランドの映画「乱暴者」にある"ジョニー、ずっとお前を探していたんだぜ、ビートルズが会いたがってたぜ、ビートルズの全員がお前に会いたがってたぜ……"があり、このシーンが気に入っていた。友だちがアメリカのスラング辞書で調べたらビートルズというのはバイクを乗りまわすような、先を行っている女の人のことだった。それで一つ決まりだった。

ハンブルク以前

いとこの夫でパブやっているのがいて、ラジオの音楽番組にもかかわったりしていた。その店で演奏することになって、ショーのオープニング曲を聞かれて"ビー・バップ・ルーラ"と言ったら、"ダメだ、最初はテンポの速いインストゥルメンタル曲にしなくっちゃ、ここはパブだし、それに土曜の夜だ、その次にビー・バッパ・ルーラだよ"というアドバイスをくれた。それから何年も経って、自分たちのステージを考えるようになってからも、彼のアドバイスを頭に置いていた。
ロンドンの有力エージェントであるラリー・バーンズとブルー・エンジェルとジャカランダ（ライブ・ハウス）オーナーのアラン・ウイリアムズがリバプールでオーディションを開いた。そして私たちはそのオーディションに合格してジョニー・エンジェルという歌手と一緒にスコットランドへツアーに行くことになった。ところが、その頃、私は GCE（日本の大学入試検定試験に似たもの）を受験する予定になっていたんだが、その予定を放り投げて GCE なんか全く受ける気のないヤツらとツアーに行ってしまった。その結果は両親の望みを絶ち切ってしまった。
ハンブルクへ行けば週 15 ポンドもらえると聞かされた。私の父よりも、学校の先生よりも稼ぎがいいことになる。ハンブルク行きの話は、ちゃんとお金もついてくるし立派な職業を見つけたような気分になった。だが行かせてもらえるかどうかは父親次第だった。父は分別のある人だった。自分の子どもをかの有名なストリップ地区レーパーバーンへ、行かせるかだろうか。反対どころか“マフィアが仕切っていて、よく水兵が殺されるところだ”、その他いろんなアドバイスをしてくれた。結局、いい話だし認めるほかはないと思ったようだ。

ハンブルク

すごく遅い時間にハンブルクに着いた。それからセント・パウリ地区を探して更にレーパーバーンを探すことになった。ようやくクラブを見つけたがホテルも何もない。なんとか近くの人を起して私たちが働くクラブの人を連れて来てもらい、赤い革張りの椅子で寝た。
私はシェイクスピアやディラン・トーマス、スタインベックなんかを読んでいたから学生とかアーティストとかの気分でいた。若者が鎖から解き放され、すごく中身の濃い体験をした時期だった。だからディラン・トーマスのドイツ時代を追体験しているようだった。出演するクラブはインドラといってインドらしさを出すために通りに面して大きなゾウが置いてあった。後に私たちはインドに影響を受けたが、全くの偶然だが出発点からそんなことがあった。だが寝起きさせられたのはバンビ・キノという映画館と古い倉庫にむき出しの壁で隔てられていた部屋だった。いつもトイレの臭いがした。折り畳み式の2段ベッドが二つあり掛けるものも少なく凍えそうだった。

パフォーマンス

自分たちで客を引っ張り込まなければいけなかった。表の通りに店の中を見ている誰かの姿が目に入った。気が付かないふりをしながら「ダンス・イン・ザ・ストリート」をやり始める。それで4人来た。つかまえろ！

いい訓練になった。来る人が最初に目を止めるのはビールの値段だった。カップルが入って来て私たちの方を見る。"ふーん、いいねー"と言ってくれるが、すぐに女の子が肘で彼氏をつつき"1マルク50ペニー、高すぎる"と言って出ていく。だからオーナーのブルーノ・コシュミダーに言った。"値段で足を引っ張られる。安くすれば客は入るんだ"を実現させてやっとオーディエンス（観客）がつく。客をふたりつかまえたとする。"なんでも好きな曲をやってあげます。"ジョークをふりまき最高のプレイを心がけた。その客がまた来てくれるようになった。

「ホワッド・アイ・セイ」を始めると何時も客席が沸いた。オープニングのリフが最高だった。何時間でもやっていられた。完璧な曲だった。"Tell your MAMA , tell your PAW. Gonna take you back to ArkanSAW. See the girl with the red dress on……"いつまでも続ける。次にコーラスで"Tell me, what'd I say"が何時間も続く。決め手の"Oh, Year"で、すでにお客さんも参加している。

ちょっとした曲は書いていたが誰にも見せる気がしなかった。そんなのよりチャック・ベリーをやった方がいいに決まっている。「テイスト・オブ・ハニー」はオハコの一つだった。常にリクエストが多かった。私たちはどんどんうまくなった。他のバンドも見に来るようになった。中でも励ましになったのは、私たちが出たくてたまらなかった有名クラブでやってたトニー・シェリダンやロリー・ストームやリンゴが客席に残って見ててくれたことだった。

ある日演奏していると、ちょっと変わった雰囲気の、周囲とは違う感じの人間が入ってきた。カメラマンのユルゲン・フォルマー。女性カメラマンのアストリット・キルヒヘル、やがて当時のビートルズのメンバーだったスチワートと大恋愛になったのだが。それから、やがてマンフレッド・マンでベースをやるようになるクラウス・フォアマン。3人は自分たちをイグジステンシャリスト・existentialist・実存主義者と呼んでいた。

クラウスはアストリットの元彼だったが、ある晩アストリットとケンカになって、ものすごく腹が立っていた。それでハンブルクでも名うての良からぬ場所にやって来た。そうでなければ足を向けるような場所ではなかった。それでうろうろしていたら、地下から音がするのでカイザーケラーに入ってみると、私たちがいて、こいつらはすごく面白いと思ったらしい。それで彼女を始めとしてバレエ・ダンサーやいろんな人たちを連れてきてくれた。カメラマンの二人は熱心に私たちの写真を撮り、私たちは彼らのスタイルをかなり頂いた。

ジョンはゲイではない

ところで女の子のことだが、皆は既に経験ずみだった、ジョージはちょっとスタートが遅かったが。ジョンが真っ最中の時に部屋に入ったことがある。ジョンの下に女の子がいた。“あっごめん”って部屋を出るだけのことだった。だから不思議なのはなんでジョンがゲイと云われるのか。15年以上生活を共にしているが全員、誰ひとりジョンと男がいる現場をみたことがない。それからジョンは確かに酒を飲むと抑制を無くする傾向があった。

ピート・ベストとスチワート・サトクリフ

ピートは一晩中帰って来ないことがよくあった。朝の４時にならないと仕事が終わらないストリッパーといい仲になってたからだ。10時くらいに戻ってきてベットに入る。もう仕事の時間だった。そういうことで他のメンバーといさかいが絶えなかった。同じころ私もスチワートとも少しもめていた。いつスカウトがみているかもしれないから凄く演奏のうまいバンドにしたかった。何度かゴタゴタしたが。今にしてみれば、私ももう少し気を回すべきだったと思う。でも当時の年頃では私を含めてほとんどの人間は無理だったと思う。

帰国

ジョージに就労許可がないのがバレてリバプールへ追い返された。ほとんど間を置かずブルーノのクラブが火事になり、その関連で私とピートが警察に取り調べで引っ張られて、数時間後にイギリスに追い返された。

リバプールに帰って

ハンブルクから帰ったら脱力状態になった。私だけでなく全員、休みが必要だったんだろう。そうはいっても「これからのことについて話し合おう」という電話があると思っていたが、全くの音沙汰なしだった。父には「バンドが仕事だ」といって納得させていたが、その後はブラブラしていたので「ちゃんとした仕事に就け」と言われた。それもそうだと思って職業安定所でコイル工場を紹介され週７ポンド14シリング支給されていた。そんな時期にジョンとジョージがキャバーンクラブでギグをやろうと言ってきた。私は安定した生活に納得しかかっていたが、やっぱり考えが変わりバンドに復帰した。間違いのない選択だった。
キャバーンでギグをやるようになった。汗のにおいが染みつき、湿っぽく、暗く、やかましく、最高におもしろいギグが続いた。ハンブルクと同じで最初、客はあまりいなかったが、だんだん噂が広まっていった。いつでも客を楽しませることが出来たし、それに奥の手も持っていた。こうした私たちの特技はその後のライブでもレコードでも強みになった。チーズ・ロールと煙草をもってステージに上がっていた。アンプのヒューズがしょっちゅうとんだ。その間をつかって、例えば修理が済むまでパンの人気コマーシャル・ソングを歌った。ステージから落ちて話題になった有名タレントを揶揄してステージから落ちて見せた。そうしながらも何かが起きるだろうという予感があった。

マネージャー、ブライアン・エプスタイン

ブライアン・エプスタインはNEMS（north end music store）というレコード店オーナーのハリー・エプスタインの息子だった。よく流行っている大きな店で私たちも何時もレコードを買ってたし、探しているレコードは必ずあった。私たちもキャバーンでかなりの人気になっていて客もすごく集まるようになっていた。ある若者がブライアンの店に行って「ビートルズの『マイ・ボニー』を下さい」と云ったらブライアンは「違いますよ、それはトニー・シェリダンのですよ」と答え、中継ぎ店に発注した。そのあと200メートルも離れていないキャバーンでステージやっていると聞いたらしい。そしてキャバーンにやって来た。私たちの耳にも入った、「ひょっとしたらマネージャーかプロモーターかもしれない」。その頃の私たちには大人と若者の区分しかなかった。ブライアンは私たちとって大人だった。
私たちはスーツを着て車を持ってる人には誰にでもいい印象を持っていた。中でもブライアンは特別だった。他方ブライアンの方も音楽だけではなく、私たちのユーモア・センス、黒のレザーの恰好を気に入っていた。ある晩、契約の交渉のためブライアンの店に行った。閉

店後の店で誰もいなかったこともあり大聖堂の中にいるみたいだった。私たちはマネージャーの取り分を少なくするつもりだったが、結局ブライアンの取り分を25%にされた。“これならいい、君たちのマネージャーになろう”といった。それに私は父親から“マネージャーはユダヤ人にしろ”と言われていた。ということでブライアン・エプスタインが私たちのマネージャーになった。

レコード会社へ売り込み

今テープを聴けばどうしてデッカのオーディションに落ちたかわかる。あまり出来がよくない。とはいえ、すごくオリジナリティーがあって面白いものが入っていた。一度ホリーズ（ヴォーカル・グループ、「バス・ストップ」）が私たちを見に来ていた。私たちは全員が黒のタートルネックを着て、ジョンがハーモニカを吹いてR&B（リズム&ブルース）の曲をやっていた。翌週になるとホリーズも黒のタートルネックを着てハーモニカを入れていた。もう私たちは見るべきバンド、コピー価値のあるバンドになっていた。レノン=マッカートニー・コンビはこのころ生まれた。「ラヴ・ミー・ドウ」から始まり、ディープな、中身の濃いものを目指して創作に励みつつあった。

ジョージ・マーティン

ジョージ・マーティンはEMIのプロデューサーでも“切れっ端”を担当していた。シャーリー・バシーとかのビッグなアーティストは他のプロデューサーが担当していた。私たちは“切れっ端”だった。ジョージ・マーティンはすごく正確にリズムを刻むドラマーを必要とし、ピート・ベストに不満だった。私たちを隅に連れて行き“あのドラマーを変える気はないか”ともちかけてきた。“そんなことはできない”といった。ピートを裏切ることは出来ない。でも私たちのキャリアはどうなる。ということで他に道はなかった。プロとしての決断だった。私たちの辛い経験の中の一つだった。もっともピートは気分屋で少し意地の悪いとこがあったし、3人は技量に不満を持っていた。それに対して私たちのみるところでは、リンゴはリバプールで一番のドラマーだった。それでリンゴに声をかけた。リンゴは確実にビートを刻み、ぶっきらぼうなウィットを飛ばし、バスター・キートンみたいな魅力を持っていた。それで私たちとピートとは恐怖の談判となった。

リンゴ

9月（1962年）にリンゴも一緒にロンドンに行き、もう一度EMIで演奏した。この時契約は済ませていた。私たちにとっては夢に見た世界への序奏だった。すごく出来栄えのいいテイク（録音）だった時は“コントロール・ルームで聴いてみないか”言われた。雲の上のような場所だった。私たちはレコーディングというドラッグ中毒になった。ジョンと私とでアルバム用の曲を書くようになってからも“あの時の興奮を覚えてるかい”もっといいものが造れるように頑張ろうと励まし合った。

確かにあの頃のリンゴは、あまりビートが正確ではなかったのでジョージ・マーティンは気に入らなかった。今では完璧だけど。それでジョージ・マーティンは別のドラマーを使った。リンゴはデビュー・シングルでドラムを叩けなかった。タンバリンだけをやらされた。リンゴはあの時の痛手を乗り越えられなかったと思う。

ポスター

明らかにかなりの人気が出てきたからだろう。私たちのポスターの海賊版が出回り始めた。ポスター会社が公式ポスターを作るべきだと言ってきた。それで作られたのが四つの四角にそれぞれ一人づつ入っているポスターだった。

語り手 ―――――――――――――――――― ジョージ・ハリスン

前ハンブルク

1960 年初めにリバプール・スタジアムでいろんなアーティストやバンドが出演するコンサートが開かれたのを覚えている。コンサートにはリンゴがメンバーになっていたロリー・ストーム&ザ・ハリケーンズも出ていた。ハリケーンズは全員スーツを着ていて、ダンス・ステップもそろっていて、プロといってもよかった。私たちはコンサートに出演できるほどビッグではなかったし、ドラマーさえいなかった。時折、知り合いのバンドの紹介で小さなクラブに出ていたくらいだった。

そんな具合だったがスコットランドへのツアーの話が来た。ジョニー・ジェントルのバックやダンスホールをまわってギグをやるということだった。それで兄に " 仕事をやめてツアーに参加すべきかどうか " 訊いてみた。兄は " その方がいいさ、おもしろいことがあるかもしれない。うまく行かなかったとしても失うものは何もないだろう "。プロとしての初めてのギグだったが演奏はぎこちなく未熟だった。もらった金はほんのわずかで、ホテル代にもならなかった。それで移動用のバンの中でメンバー仲間で寝る場所の取り合いをしていた。

その頃、ドイツ人のプロモーター、ブルーノ・コシュミダーが自分のクラブ、カイザーケラーにリバプールのバンドを呼んでいた。よほど気に入ったのだろうクラブ・オーナーのアラン・ウイリアムズに " またリバプールのバンドが欲しい、インドラに出す " と言ってよこした。その話が私たちに回ってきた。ところが注文は 5 人組だった。スチュワートを入れても 4 人。その時私はクリスマス・プレゼントにドラムセットをもらったというピート・ベストを思い出した。これで 5 人そろった。ピートの家の地下はカスバ・クラブだった。

ハンブルク

当然と云えば当然だが、私たちがハンブルクに着いた最初の晩は何の段取りも出来ていなかった。それでクラブ・オーナのブルーノ・コシュミダーが車で私たちを家に連れて行き彼の部屋に泊った。一つのベットに全員だった。但しブルーノはどこか他所に行ってしまったのは助かった。それ以降はグロッセ・フロイハイトという通りの一番奥にあるバンビ・キノという小さな映画館にむき出しの壁ひとつで仕切られた裏の部屋に住むことになった。

ハンブルクの街は魅力的だった。大きな湖と自然があるかと思えばレーパーバーンやグロス・ブライハイトみたいにレストランや娯楽の場がいっぱいある。いかがわしい地区があるのは当然だった。最初に放りこまれた処がそういう環境だった。

パフォーマンス

私たちが働いたインドラは開店したばかりでレーパーバーンのどん詰まりで、クロッセ・フライハイトというクラブが集まっている区域だった。女装したヤツらや娼婦やマフィアの仕事場だったがインドラの客にはいなかった。最初は客足がよくなかったが口コミで広がり客で一杯になり始めた。と思ったら、通りの向かいの教会が私たちの出す音がうるさいとやかましく苦情を言ってくるのでブルーノは店を閉めた。

それでインドラからカイザーケラーに移った。間もなくもう一組のバンドがロリー・ストーム＆ザ・ハリケーンズつまりリンゴのいるバンドと入れ替わった。それぞれ一時間交代で片方6時間、両方で12時間やった。その割にはわずかのカネだったが若い頃だったので気にならなかった。リンゴたちのバンドは曲目も順序もきちんと決め、まともなショーになっていた。ドラムはフルセットでユニフォーム、ネクタイもキチンとしていた。とくにリンゴはこわもてで偉そうに見えた。私たちも気合が入ってきた。

土曜は3、4時から始まり朝の5、6時まで続く。すべて終わってから食事。みんな酔っぱらってた。恐ろしい数の曲を覚えないといけなかった。演奏時間がものすごく長い。ジーン・ビンセントを全部。アルバムに入っているのはすべてやった。チャック・ベリーのレコードが手に入れば全部覚えた。リトル・リチャード、エバリー・ブラザーズ、バリー・ホリー、ファッツ・ドミノ。とにかく長時間勝負だったし、そうして人前でプレイするコツを覚えた。ハンブルクはまさに修行時代だった。

そのステージで口から泡吹いて喋って、あれだけの時間演奏しなきゃならなかったからクラブのオーナーがプレルーディン（覚醒剤）をくれた。それでいつまでも延々とうたいしゃべり続け跳ねまわり、大酒のんで、またあの手の薬をもらう。ベッドで横になってどうして寝られないんだろうと思った。覚醒剤だったのは間違いないだろう。

ハンブルク退去

毎晩10時になるとドイツ人の警察官の見回りがあった。“22時になりました。18才未満の人は店を出てください。”ということだったが、何を言っているのかわかるまで2か月かかった。私たちは就労許可もビザも持ってなかったし、とくに私は未成年だった。そしてある日警察がやってきて私を追い出した。ちょうどカイザーケラーからトップ・テンへ仕事が移ろうとしていた頃だった。トップ・テンは当時売れっ子だったトニー・シェリダンその他が出演していて、雰囲気のいいクールなクラブだった。私たちもトップ・テンのマネージャーがカイザーケラーのオーナーに内緒で声をかけてくれて休みの日に何回か店に出ていた。ハンブルクから追放され、後はリバプールまで長い旅だった。

リバプールに帰って

リバプールで活動を始めて間もなくボブ・ウーラーというダンスホールの司会者を紹介された。彼は“ハンブルクから直撃、ビートルズ”というポスターを作った。お客さんには私たちがドイツ人に見えたんだろう。他のバンドとは全く違っていた。革ジャンを着て、演奏も違っていた。私たちはリバプールのライブ・ハウスに爆弾を落とした。私たちはダンスホールでも出番が増えてきた。必然的に他のグループとの違いが目立ってくる。ドイツでのたっぷりの経験とラフな感じで、どこへ行っても客が集まってくるのがわかった。ダンスに来るんじゃなくて私たちを見に来ていた。

ブライアン・エプスタイン

ブライアンが私たちをチェックしに来た。ディスク・ジョッキーのボブ・ウーラーが“NEMSの店長エプスタインさんが来ておられます”と紹介した。“そりゃすごい！”と思った。彼は後ろの方で聴いていて、そのあと楽屋へやって来て私たちとマネージャー契約をしたいと言っていたが、実際には何度か見に来てから決めたそうだ。すごい上流階級の金持ちというのが初対面の印象だった。ブライアンはビートルズを軌道に乗せるためにもの凄い時間を割いていた。必ずものになると確信していたようだ。最初、デッカに売り込んだが長い間採否を待たされたあげく断られた。“ギター・バンドはもう終わりになります”が理由だったそうだ。

レコード・デビュー曲　*LOVE ME DO*（ラヴ・ミー・ドゥ）

それまでもステージでは「ラヴ・ミー・ドゥ」をやっていた。すごく反応がよくレコーディングしたかった。レコーディングを勧められた曲「ハウ・ドゥ・ユー・ドゥ」はすごく古臭かった。それでジョージ・マーティンはセカンド・シングルにしようと思っていたようだが、すぐに私たちが「プリーズ・プリーズ・ミー」を作ってしまったから消えてしまった。

「ラヴ・ミー・ドゥ」がすごく売れた。ほとんどは地元で売れたんだが、全英チャートの 17 位まで行った。それまでに私たちはウイラル、チェシャー、マンチェスター、リバプールとあちこちの都市をまわっていていた。そういう下地が出来ており、すでにかなり人気が出ていたこともあった。「ラヴ・ミー・ドゥ」がラジオ・ルクセンブルクでオン・エアーされることは事前に知らされていた。木曜日の 7 時半だったと思う。スピークスの自宅で家族も一緒に聴いていた。体じゅうがゾクゾクして生涯最高の快感だった。チャート入りしたおかげで次に EMI に行った時は会社の皆さんはすごく愛想がよく私たちに " やあ、こんにちは。どうぞ、どうぞ " という扱いだった。

語り手 ——————————— リンゴ・スター

ハンブルク

ハンブルクは最高だった。私はロリー・ストーム＆ザ・ハリケーンズと行った。興行主の店に呼ばれたんだから、ビートルズみたいにバンじゃなく飛行機でいった。ところが宿舎はいろいろ経緯はあったが結局、全員がドイツ海員会館の一室に寝泊まりさせられた。その部屋が「豪華きわまりない」ので腹が立った。

ドイツを演奏でまわっていてハンブルクでビートルズに出会った。リバプールではバンドの体裁になってなかったが、ドイツではこいつらどうなったんだと思うくらいのレベルになっていた。そのうち同じ店になったが、ビートルズはいつも一番最後に出ていた。その時間には私は酔っぱらっていてヤツらにスローな曲をリクエストしていた。
ドイツ人は気前がよかった。上流気取りの金持ちがビールを箱ごとくれたり、まがいものだったがシャンペンも飲み放題だった。ヤバイ連中も来ていて銃を持っていた。銃なんか見るのは初めてだったが、バーに陣取っていてスツールから転げ落ちるか、金を使い果たすまで飲み続けていた。かなり柄の悪いところだったが、それでいて売春婦なんかは私たちのことを気に入ってくれて洗濯なんかをしてくれた。バーの女の子たちも何時も親切にしてくれた。このころプレルーディンという覚醒剤をやった。薬局に行けば買えた。そうでもしなければ長時間演奏は無理だった。悪いことをしているという意識はなかった。ギンギンに目が冴えて、何日でもやっていられた。

リバプール、ビートルズへ誘い

ドイツで仕事があまり見つからなくなったので私たちもリバプールへ帰った。私はまだロリーたちと一緒で、ビートルズはビートルズでやってた。時々同じ店でギグやることもあり、そのうち私たちも彼らを見に行くようになった。曲も雰囲気も気に入っていたし、もはや私のいるバンドより上を行っていることがわかってきた。
ある日の昼頃、母がドアをノックしブライアン・エプスタインさんが御出でになっていると云った。彼のことはあまり知らなかった。ビートルズがマネージャーをつけているというのは聞いていたが、不思議な気がしていた。あの頃はまともなマネージャーがついているバンドはなかった。
それでエプスタインの用件は「キャバーンのランチタイム・セッションで叩いてもらえないか」という頼みだった。他のバンドでドラムを叩くのはそう珍しくはなかった。クロスビーのギグに３組バンドが来ていて他の２組にドラマーがいない。それで私が３組のバンド全部でドラムを叩く。ビートルズとは仲がよくてステージの後はよく一緒に飲みに行っていいたので気軽にOKした。それからしばらくしてブライアンは電話で「ずっとこっちのバンドでやる気はないか」と言ってきた。実はビートルズはブライアンに私のことを持ちかけていて、ジョージが特に熱心に私を売り込んでいてくれたらしかった。それでロイが私の後釜を見つける手配が済んでからビートルズに移った。それまで私はテディ・ボーイみたいに髪をまっすぐ後ろへ流し、髭も生やしていた。それを突然ブライアンは「髭を剃って髪をおろせ」だった。云われた通りにした。私たちを少しスマートにしただけだったが、イメージはすっかり変わってしまった。

ビートルズのそれまでについては私には関係なかったのでピート・ベストが気の毒だとは思わなかった。但しドラマーとしては私の方がずっと上だと思っていた。私がビートルズに参加してからのキャバーン・クラブでのギグは怒号とケンカでかなりの荒れようだった。客の半分は私を憎み、半分は私を好きだった。あの時ことはあまり思い出さないようにしている。

デビューのレコーディングから外された

ブライアンの売り込みが伝わりEMIはOKの返事をくれた。私が張り切って“ラヴ・ミー・ドゥ”のレコーディングに行ったとき、私はおまけみたいに片手にマラカス、片手にタンバリンをやらされた。もともとピート・ベストの技量に不安を持っていたジョージ・マーティンは私には目もくれず“プロ”のアンディ・ホワイトを使った。ドラマーについてはもう危ない橋を渡りたくなかったんだろう。私は言いようのない気持ちにされた。その後何度も謝られたけど今でも完全には許していない。以降は「バック・イン・ザ・USSR」とか数曲を除いてドラムはすべて私がやっている。

「ラヴ・ミー・ドゥ」は1位にはならなかったけど、それでもすごくうれしかった。ビニール盤を出すのが夢だったし、どこかの店のどこかの棚に初めて作ったレコードがあるということがうれしかった。とはいえ次はNo.1になりたくなった。

ビートルズの基本線

EMI でデビューしてからも、私はまだビートルズでは新参者だったから自分の居場所を見つけようとしていた。だからビートルズは「自分たちの書いた曲をやりたい」と云うスタンスを貫いていることがよく見えていた。相当、性根を据えていた。当時の超売れっ子、クリフ・リチャード、ディッキー・プライドやビリー・フューリーなんかもみんな曲をもらって歌うだけの時代だった。

私たちは売れ始めてからも契約していたギグはきちんとやった。バーミンガムのちっぽけなクラブでも演奏した。私たちは高潔なバンドだった。ブライアンも高潔でクールだった。有名になる前の契約をきちんと守った。

語り手――――――――――――――――ニール・アスピノール

ポールの旧友からマネージャーへ

ハンブルクから戻ってきたビートルズはキャバーンやその他のクラブへの移動手段をもっていなかった。タクシーを使えばギャラがふっとんでしまうし困っていた。他方、私はバンを持っていたが金に困っていた。当時ドラムをやっていたピート・ベストは私の友達で私はピート宅に居候していた。そこでピートの紹介でビートルズの移動を請け負うことになった。ひと晩 1 ポンド、週 7 ポンドは、会計事務所・試用期間中の私が 2 ポンド 50 シリングだったので悪くなかった。ビートルズを送ってから居所に帰り通信教育で会計を勉強し、また迎えに行く。ビートルズ専任お雇いになってしまい、いつも一緒で、なんでか楽しかった。送迎が続いてくると会計士になるのはどうでもよくなった。この頃がリバプールのロックン・ロールの幕開けだった。
ポールとはグラマー・スクールの同級生で。ジョージは一級下だった。しばらくして運動場の防空壕の裏に隠れて一緒に煙草を吸う仲になったが、卒業してからは二人とは別な道を進み付き合いはなくなっていた。ジョンを知ったのは当時みんなが夢中になっていたスキッフルの練習の場だった。バンドは組んではいなかったが、ポール、ジョージと3人でジョンの家へ行ったことからだったと思う。以前にバスを待っているときだった。知り合いでもない年寄りを親切に世話しながら降りてきたヤツがいた。ジョンだった。後でわかった。

ブライアンについて

リバプールでビートルズの人気が高まって来たとき大店・老舗・楽器店の息子ブライアンがマネージャーになった。すぐにエプスタインは成果を見せつけた。それまでは例えば4週間先の火曜日夜出てくれと、どこかの店から言われてポールかジョンがメモ帳に書き契約も行き当たりばったりだった。ブライアンが来てから、まずキャバーンの出演料を7ポンド50シリングから15ポンドにした。いきなり倍になった。それからブライアンの演劇の経験が生かされた。まず服装、一曲ごとに客席に向かってお辞儀。弦が切れたらその端を引っ張って結び直しギターの先からぶら下げたままにしていた。見た目がよくなかった。そのままにしていたのをブライアンが「その先を切って、もっとすっきりさせろ。一般のお客さんにもみてもらえるようにしろ」。そうすると当時まだ高かった弦を全部取り替えることになるし、時間もかかった。4人とも、お辞儀を嫌がり、皮肉や嫌味を言いながらやっていた。私にはわかったが、客にはわからなかった。

人気の広まり

そうこうするうちにツアーはリバプールから遠方に広がり、サウスポートからクルー、更にマンチェスターにまで広がっていった。ダンスホールが主だった。ビートルズは名前を売ってレコード契約を結びたがった。だが実現するまではすごく長くかかったしがっかりさせられることもしょっちゅうだった。その間でもブライアンはデッカでレコーディングしたテープをもってあっちこっちを歩き回っていた。だがほとんどすべてのレコード・レーベルでことわられていた。そうしたなかでブライアンから「EMI からレコーディングの依頼。新曲のリハーサルをよろしく」という電報が入ってきた。実際はジョージ・マーティンというプロデューサーにオーディションを受けるだけだった。ところが、そのプロデューサーが只者でなかった。ビートルズを見抜き、ブライアンと並びその後のビートルズの歩みを大きく支えた。

1962 年になるとビートルズはリバプール、マンチェスターにとどまらず北西部ではかなりビッグな存在になっていた。そしてグラナダ TV の地方局が 1956 年から「ノウ・ザ・ノース」という番組を制作していて、ビートルズの評判を聞きつけてキャバーンへ取材に来た。放送されたものを見るとリンゴがバンドに入ったばかりだったので客席のヤジも入っていた。その頃にはブライアンは自分でショーのプロモーションを始めていた。そしてビートルズを 1962 年のニューブライトンのタワー・ボールルームのショウでは当時の米国黒人トップスター、リトル・リチャードに次ぐ格付けで出演させた。

語り手――――――――――――ブライアン・エプスタイン

若者が一人で私の店に来てビートルズというグループのレコードを注文した。1961 年 10 月 28 日土曜日だった。リクエストされたら必ず見つけるのが店のポリシーだったので「マイ・ボニー」ビートルズを月曜日に取次店に連絡し確認した。当時リバプールでは地下のクラブでいくつかのビート・グループが活躍を始めていた。ビートルズという名前にも特に関心はなかったがどこかのダンス・パーティ—のポスターで見かけおかしなスペルだと思ったことは覚えていた。ところが月曜日ビートルズをチェックする前に別々に女の子が二人、ビートルズのレコードが欲しいと店にやって来た。レコードを探しに来たのはこの３人ですべてだったんだが、２日間で三件問い合わせがあったということは何か意味があると直感した。そこで業界関係者に突っ込んで話を聞いてわかった。実はリバプールのグループでハンブルクのいかがわしい地区のクラブをまわっていて、最近帰って来たばかりということ。知り合いの女の子も「ビートルズ！最高、今週キャバーンに出るわ。」と教えてくれた。

語り手————————————————ジョージ・マーティン

レコード・プロデューサーとして当時の私の主な仕事はティン・パン・アレイへ行って版権業者の持ち歌を聴きアーティストに相応しい素材を見つけることだった。まずビートルズにはヒット曲が欲しかった。「ハウ・ドゥ・ユー・ドゥ・イット」ならヒットする自信があった。とくに出来のいい曲ではなかったが多くの人に訴えかける要素が含まれていた。実際、後に別人がレコーディングしてヒットさせた。ビートルズの強い希望で最初の曲は「ラヴ・ミー・ドゥ」にしたが、もし矢継ぎ早に彼らが「プリーズ・プリーズ・ミー」を私に聴かせなかったら「ハウ・ドゥ・ユー・ドゥ・イット」が次の曲になっていたと思う。

第3章
有名になった——ビッグ・バン、膨張・爆発

“緊張しつつ興奮していた”
ポール・マッカートニー

以降、ニール・アスピノールが各章の冒頭で
進行役になります。

語り手——————ニール・アスピノール

ビートルマニア

PLEASE PLEASE ME（プリーズ・プリーズ・ミー）が1963年3月、望み通りNo.1になった。同時にビートルマニア（教、狂）も始まった。リバプールでもひどい騒ぎが何度もあったが、リバプールの若者のことだったらわかっていた。バンをひっくり返したり、サイド・ミラーをもぎ取ったりはしなかった。いきなり正気の沙汰ではなくなった。刺激的ではあったが始末に負えなかった。こうなると私自らが劇場に出入りの段取りをつけねばならなくなった。BBC（the~, British Brooadcating Corporatin, 英国放送協会）にも出演するようになり事務所も構えファン・クラブができた。まずやったのは全員が襟（えり）なしジャケットを着てポーズをとった配布用写真の作成だった。ビートルズ自らがファンの前でサインし、私が配った。ビートルズの演奏中は、絶叫と悲鳴が絶える時がなかった。ほとんどは女の子に見えた

が不思議と男子も多かった。ビートルズは誰から見ても魅力的だった。
日増しに人気が膨張しつつあるとき所用で当時のトップスター、エディ・コクランとジョージ・ビンセントのジョイント・ステージの楽屋口に立った。そこに女の子が大勢いて、金切り声をあげて騒いでいたのを見た。だがビートルマニアの比ではなかった。例えば、スウェーデンから帰国した時のロンドン空港では1万人の人たちが押し寄せてきた。勢いは増すばかりだった。騒ぎが始まったのは1963年だがピークはまだまだ先だった。

宝石をジャラジャラいわせてください

ついには11月4日（1963）にRoyal Command Performance（ロイヤル・コマンド・パーフォーマンス・英王室主催のコンサート）へ出演した。大規模なチャリティー・ショーで、もちろんビートルズはこの種の観客に慣れていなかった。キャバーン・クラブとは比べものにならない高い金を払って見に来ている客層だった。このコンサートではまったく別な種類の人間がビートルズに判定を下そうとしていた。そこで、ジョンは客席へ向かって“お金持ちは宝石をジャラジャラいわせて下さい。安いほうの席の方は拍手をください。”と悪態を投げつけ会場の度肝を抜いた。ジョージに云わせるとジョンは計算づくだったそうだ。判定は勝ちだった。
ありがたい御前コンサートもビートルズにとってはレコード宣伝手段の一つに過ぎなかった。昨今の経過のなかで他の出演者はやたらビートルズにいい顔をしていた。成功した人間というのは見ればわかる。誰もがビートルズの友達になりたがっていた。それがショービジネスの世界だろう。だが、ひどく移ろいやすいものだ。ということを以降、私はずっと見てきた。

創作活動

ビートルズは初期のレコーディングからアビイ・ロードの第二スタジオでセッション（session・集合して曲作り）をやっていた。コントロール・ルームは一段高いところにあった。そこからスタジオに降りる階段がついていて相当大きな納屋みたいな部屋だった。誰でもそうだろうけど、この時期のビートルズはレコーディング中に相当舞い上がり上ずっていた。実際、ビートルズもジョージ・マーティンさえも以降の創作活動へ、さらなる学習期間になっていた。

ツアーが一つ終わると私の体重は50.8キロに落ちた。見かねたブライアンは電話技師でキャバーン・クラブの常連客だったマル・エヴァンスをスタッフに入れた。巨漢であるが繊細な男で、私たちはみんな用心棒のマルを頼りにしていた。心優しき大男で、いい友達になった。マルがバンを運転し、機材や衣装を担当することになった。私はプレスへの対応やビートルズその他みんなの生活に関わる面倒を見るのが仕事の中心になった。リンゴのドラムのセッティングのやり方もマルに教えなければならなかった。

ジョンがロンドンに移りそのマンションの階下に住んでいたのがアート・スクールを出たばかりのロバート・フリーマンだった。ジョンが見込んでアルバム・ジャケットをやらせてみた。どういう感じにしたいかを皆が伝えロバートはそれをうまく実現させた。以来ビートルズはアルバムのアートワークのあらゆる面に関わるようになった。

すでにビートルズはイギリスを征服した。あらゆるところビートルズだらけだった。ジョージは、やがて友人になるデレク・テイラーの助けを借りてはいたが、日刊紙、デイリー・エクスプレスに自分のコラムを持っていた。

語り手――――――――――――――デレク・テイラー

1963年春の盛り、私はマンチェスターで「デイリー・エクスプレス」の記者をしていた。ビートルズのことは知らなかった。5月30日、オデオン座で公演を取材した。2時間後、観客の絶叫を残してショーが終わった。直ちに電話に飛びつきメモなしで記事の文面を口述した。ビートルズこそこの世に生まれた真のヒーローだと思った。そしたらデイリー・エクスプレスのジョージのコラム担当が私に回って来た。感激したが、お粗末なゴースト・ライターだったかもしれない。ブライアンの仕事を手伝い、その後ビートルズの広報担当になった。

語り手――――――――――――――マル・エヴァンス

それまで気に止めたことはなかったが小さな通りを歩いていたらキャバーン・クラブという店があった。音楽が聞こえてきてちょっとエルヴィスみたいで本物のロックやってるという感じがした。それでお金を出して入っていった。間もなく、ビートルズの身の回りのこと、マネジメントをやることになったが、私は何一つ知らなかった。最初の2日ぐらいはニールに手伝ってもらったが、初めて一人でやった時は大変だった。巨大なステージで頭が真っ白になった。他のグループのドラマーにも手伝ってもらった。

ビートルズの仕事をやっていてテレビで見るだけだった人たちと会えて本当に最高だった。みんな親切で、知り合いになろうとする。だけど、それはビートルズとつながりをつけるために私を利用してるだけだと、そのうちわかってきた。

語り手――――――――――――――ジョージ・マーティン

創作活動

ビートルズは *LOVE ME DO*「ラヴ・ミー・ドゥ」の次は *PLEASE PLEASE ME*「プリーズ・プリーズ・ミー」をやりたいと言ったが、その時点ではボーカル・パートのキーが高くスローなロックで正直、少し退屈だった。すると次のセッションでテンポを上げたバージョンを持ってきた。「よし、やってみよう」となった。セッションが終わって、こう言うことができた「君たちの No.1 ができた、すばらしい」

その間に、私はキャバーンに出かけビートルズのレパートリーと演奏できる曲目を把握し、こう提案した。「君たちが持っている曲を全部やろう。スタジオに降りてきなさい。何とか、1 日で全曲通してみよう。」午前 11 時に始めて、夜の 11 時頃まで。その時間内で、アルバムをまるまる 1 枚録音した。その中で *TWIST AND SHOUT*「ツウィスト・アンド・シャウト」がすごく喉に負担をかけることはわかっていた。これを先にレコーディングすると、そのあと声が出なくなってしまう。だから最後に回した。2 テイクでジョンはまったく声が出なくなってしまった。ああいう布を引き裂くような声が必要だった。

1 年目を過ぎて、彼らはスタジオ・テクニックに興味を持ち始めた。常にきちんとしたものを作りたいと思っていたから作業は 1 テイク（録音）では終わらなかった。最初のテイクを聴き、それから 2 ～ 3 テイクやって、納得できるものを仕上げた。時間をたくさんかけて何テイクも採り直しを許されるようになるのは、もっと先になってからだった。

ビートルズは詞を完成させた形で持ってくることが多くプロデューサーとして歌詞に果たした役割はほとんどなかった。わずかには詞の響きがあまりよくないと思えばそう指摘したし、あと 8 小節くらい書き足したらどうかと提案することがあった。アレンジ面でのアイデアを出すのが私の主な仕事だった。

次はアメリカが待ち構えていた

1963年は、イギリスでの地盤を固めるだけで終わった。この年ビートルズは *PLEASE PLEASE ME, FROM ME TO YOU, SHE LOVES YOU, I WANT TO HOLD YOUR HAND* のシングルを出した。レコーディングするたびにアメリカのキャピトル・レコードの友人に送り、アメリカでも絶対売り出すべきだと勧めた。だが毎回、キャピトルの社長から「申し訳ないが、アメリカのマーケットについては私たちのほうがよく知っている」と断られた。ビートルズがアメリカでNo. 1をとったのは、1964年になってからだった。無論、アメリカのレコード屋も否応なく世間の爆発的な需要に応えるしかなかった。

語り手――――――――――――――――――ジョン・レノン

有名になってから

1年前、こんな騒ぎになる前は、どこの会場だって自由に出入りできたし、ホテルだって落ち着いて泊れたし、夜出かけるにしろ、買い物に行くにしろ、人に囲まれることなんかなかった。ほんとに楽しんでやってたことが、今じゃ手の届かない夢みたいになってしまった。でもきっと、いつかこういう騒ぎも収まるさ。そしたら私たちも、普通の生活に戻れると思っていた。最悪なのは、劇場を出る時だ。無事脱出できて、何とか車に乗り込んだと思ったら、どこかの馬鹿野郎にタイヤの空気を抜かれていたりする。

有名になってからも私たちの望みどおりの会場は一つとしてなかった。リハーサルで段取りを決めておいても、ほとんどその通りになっていない。位置が悪かったり音が小さかったり、アマチュアのタレント・ショーでやるのと変わりなかった。コントロール・ルームにいるブライアンに向かっていつも怒鳴っていた。すると、どうしようもないと合図を返してくる。それでますますカッとしてくる。

創作活動

ジョージ・マーティンは *PLEASE PLEASE ME* を凝りすぎだといった。それで出来るだけシンプルにしようと数週間、何度も何度もやり直した。少しテンポを変え、わずかばかり歌詞を変更し、*LOVE ME DO* のようにハーモニカをメインにしたらどうかと考えた。この曲はまっすぐヒット・パレードに狙いを定めていた。そしてその通りの結果になった。ファースト・アルバムのレコーディングは 12 時間ぶっ通しの session だった。生まれて初めて recording studio に入り 12 時間で仕上げた。それ以上お金をかけてもらえなかった。生の雰囲気を出そうとした。ハンブルクやリバプールではあれに近い感じだった。それでも、オーディエンス（聴衆）がビートに合わせて足を踏み鳴らす、あのライブの雰囲気までは出ない。だけど、“ お利口さん ” のビートルズになる前のサウンドには、これが一番近い。

ポールと私は、大抵どちらかが曲の大半を書き、もう一人がメロディーをちょっと足したり歌詞をちょっと加えたりして、仕上げに手を貸した。私が歌詞の一節だけ書いて、何週間か経ってもその先の歌詞が浮かびそうもないと思ったらポールに声をかけて、二人で書く。どんな場所でも書くが、ギターとピアノだったり、ギター 2 本だったり、ピアノとギターとジョージが加わることがある。

リバプールの人間は “YES” とは言わない、“YEAH” だ。それで “SHE LOVES YOU ” はポールのアイデアだったが、私だったら自分のことを書きたいので “I LOVE YOU” だが、ポールは第三者のストーリーを持ってきて “yeah,yeah,yeah”、と続けた。

曲を書けるということ、自分にそれが出来るとはっきりわかった。

うれしかった。どういうものが好まれるか、いつも聴衆を意識していた。“さてアルバムを作るか？”と言われると、パパッと何曲か作れる。「仕事」だよね。でも楽しいと思ったことはない。私はいつも自然と湧いてきたものが一番いい曲だと思っていた。ビートルズの強みは一つのスタイルにこだわらなかったことだ。ロックしかやらないではなく、例えば「イン・マイ・ライフ」だ。他にもブルースもあればバラードもあった。

有名になるということ

Palladium・パラディアム（後出、ジョージとリンゴの述懐）への出演オファーは来てたが、他のミュージシャンが出演してこき下ろされるのを見ていたから、まだその時期ではないと思った。結局は出演することになるのだが。

物差しに合わない者たちを見下す世間の階級意識はいつまでも変わらない。ある日レストランに入った。店は私たちが誰だか気付かなかった。“何の用だ”とボーイ長が怒鳴りつけてきた。返した、“食いに来たんだ、決まってるだろ”と。そうやっているうちにオーナーが私たちに気づいた。とたんに“失礼しました。すぐにテーブルを用意いたします。どうか、こちらへどうぞ”。リバプールを出るために髪を切った。テレビに出るためにスーツを着た。妥協しなければならなかった。ちょっとはウソもつかなければならなかった。もっともその時点ではウソのつもりではなかったかもしれない。

ロイヤル・コマンド・パーフォーマンス、あのステージでは観客が悲鳴を上げないから、私たちの言うことが聞こえると思って、少しジョークを入れた。“最後の曲では、皆様にもご協力を頂きたいと思います。安い席の方は拍手を、その他の席の方は、宝石をジャラジャラ鳴らしていただけますか？”それでは“ツイスト・アンド・シャウトをやります”。

有名になってからはじめて会った人とは、ほとんど話が合わなかった。ビートルズの結びつきはすごく硬かった。周りによそ者がいる時には暗号を使って話をしていた。金を稼いだという実感がなかった。自分の目で見たこともないし、金を持ってる気がしなかった。100ポンドを超す金を見たこともなかったし、もらった金はすぐに妻に渡した。自分じゃ全然使わない、いつも連れ回されていただけだから、金を触るのは休暇の時だけだった。

成功というのは測りようがないと思うが、仮に図るとすればだが。ロイ・オービソンから私たちの曲を2曲レコーディングさせてくれないかと頼まれた時だった。私がビートルズの成功を感じ取った瞬間だった。無条件で“ビートルズが一番の大物”と言われるようになりたかった。黄金と同じ。たくさん手に入れば入るほどもっと欲しくなった。時にうぬぼれて大きく出ることもあり“オレたちは10年は続くさ”と思えば、“3か月持てばラッキーかな”と落ち込んだ。

語り手――――――――――――――――ポール・マッカートニー

有名になってから

駆け出しの頃、みんなが私たちと一緒に叫んでくれるのが嬉しかった。有名になってからいつもすばらしい出来ばかりとは限らなかった。誰か私たちのひどい音をかき消してくれないかなと思ったことがある。ある晩なんか見事に音が外れていて悲惨だった。それでも叫びにまぎれて、やり通した。レコーディング・スタジオに入ると、たいていひどく緊張していた。それでいてすごく興奮していた。緊張しつつ興奮していた。

創作活動

最初の何年かで、かなりの曲を作った。伝説では100曲だが、まあ、その半分には届いていないと思う。*PLEASE PLEASE ME* はジョンがメインで、*P. S.I LOVE YOU* はどちらかといえば私の曲だ。*FROM ME TO YOU* は半々だ。私たちは song writing コンビになった。曲想が浮かんだ時にはその時触っていた楽器をそのまま使った。だからそれぞれの曲作りで使った楽器はそのたびに違った。*ALL MY LOVING* は詩人のように詩を書き、あとで曲をつけた。

私たちはイギリスよりもはるかにアメリカの音楽に関心があった。河沿い地区で生まれ育ったリンゴは商船員に知り合いが多くいてブルースや古いカントリー&ウエスタンのレコードをたくさん船員たちから手に入れていて私たちにカントリー・ウエスタンを教えてくれた。ジミー・ロジャースとかすごくたくさんのコレクションをもっていた。だけどエルヴィスなんかに関しては皆かなり共通していた。それでいて少しづつ傾向は変わっていた。だから毎日が面白かった。

SHE LOVES YOU の場合、もともとかけ合いの歌を作ろうと思っていたのだが、バンでニュー・キャッスルを走っている時ふたりくらいが "She loves you" とうたい別の一人が "yeah yeah" と応じる、安っぽいアイデアと言われるだろうけど。そのあとホテルの部屋で何時間かこもって書き上げた。そのころはスタジオでジョージ・マーティンが専門家として所見を云う。だが、これだと思った曲は絶対譲らない。私たちの無知でドンドンふみつぶしてしまう。それがよかったんだ。どんなルールにも絶対耳を貸さなかった。

有名になるということ

リバプールからロンドンに移った。ロンドンにはすべてが集まっていたからだ。芝居について言えば、英国国立劇場でうっとりするような俳優たちを見ることが出来る。『ジューノ・アンド・ザ・ピーコック』（ジューノと孔雀）でコリン・ブレイクリーを見た時、目からうろこが落ちた。当時、私は女優―ジェーン・アッシャー―と付き合っていたから、演劇はしょっちゅう見に行っていた。ジェーン・アッシャーと初めて会ったのはロイアル・アルバート・ホールのコンサートに出演していたとき、ジェーンが『ラジオ・タイムス』の取材でやって来た時だった。ジェーンはテレビの人気番組『ジューク・ボックス・ジュリー』に出ていて、私たちも皆この番組を楽しみにしていた。皆ジェーンを白黒テレビでしか見たことがなかったのでブロンドだと思っていた。本人をみたら赤毛だった。私は彼女の気を惹（ひ）こうしたら、それがうまくいった。それからボーイフレンドとガールフレンドの長い付き合いになった。

私たちがほんとに有名になったのは、Palladium で演奏したからだ。それから Royal Command Performance によばれて、女王様にあった。女王様は拍手していた。女王様から " 明日の夜はどちらで演奏なさるんですか " と聞かれ、スラウですと答えた。そうしたら " あら、私たちのすぐ近くね " と返ってきた。

有名になってからは、ありとあらゆる、奥行の深い質問をうける。でも私たちは、そんなに深みのある人間じゃない。" 水爆をどう思います "" 宗教は、ファンの崇拝は " そんなに真剣に考えたことがない。そのあともあんまり考える時間もない。" 水爆をどう思うか？　" それでは　学校で習った知識をフル活用して答えてみよう "　" 私は水爆には反対だ "

有名になってからも私たちビートルズは、かなり閉鎖的な世界で動いていた。他の人たちはなかなか入り込めなかった。……ジョンの妻のシンシアですら……私たちが張り巡らしていた壁は、それほど頑丈だった。一種のバリアとして、" 仲間うちのジョーク、ちょっとしたサイン、音楽のネタ " をたくさんもっていた。そういうつながりがあって " 部外者 " が入り込むのは難しかった。

語り手 ―――――――――――――――― ジョージ・ハリスン

有名になってから

最初のころ移動に使っていたバンは停まるたびに注目の的になった。ボディーが赤と灰色に塗られていて頭からお尻までびっしり落書きされていた。女の子の名前とか、ジョン、愛しているとかみたいなやつで、おもしろいのはいいんだが誰もが、それを見たとたん自由に落書きしていいんだと思いこんだようだった。

サウンドのコンディションはひどかった。マイクが1本しかない会場がほとんどだった。エンパイア・シアターでも1本しかないのでエバリー・ブラザーズも二人で1本のマイクに向かって歌っていた。その後それぞれのステージが改良されて2本置かれるようになり、自分たちの曲をちゃんとやれるようになった。それでもドラムやアンプにはマイクが立ててなかった。

有名になればなるほど、忙しくなるほど、ニールとマルを頼りにしなければならなくなった。私たちの身の回りにマルは欠かせない存在だった。さかのぼれば、マルはキャバーン・クラブの常連だった。すぐそばの会社で電話技師をやっていた。昼休になるとキャバーンに来ていた。他の客に混ざって座り、よくエルヴィスのリクエストをしていた。私たちも覚えて、“いつものエルヴィスのヤツだな。それじゃ行くか。” とやっていた。そのうちキャバーンの夜の用心棒として働き始め、私たちとも話が弾むようになり、それから私たちのためにフルタイムで働くようになった。仕事が大好きで、おもしろくて、すごく頼りになった。“絆創膏持ってないか、マル” 必ず何でも持っていて、なければすぐ手配してくれた。

創作活動

DO YOU WANT TO KNOW A SECRET?　は私自身のボーカルが気にいらなかった。どう歌えばよいかわからなかった。誰も歌い方なんか教えてくれなかった。車にテープ・レコーダーを置いていた。歌を吹き込んでおけば家に帰ってゆっくり曲が作れた。

1963年には4曲のヒットが出た。発売される前からゴールド・ディスクになっていた。――　ありとあらゆることが起こりつつあった。*PLEASE PLEASE ME* で最初のNo.1を取り、アルバムを成功させ、3枚目のシングル *FROM ME TO YOU* がイギリスでNo.1になったということは本当にすごい意味を持っていた。これでお墨付きがもらえた。位置づけが不動になった。

有名になるということ

ヘレン・シャピロと組んでツアーに出ていた。彼女は当時押しも押されぬスターで、次々とヒットを飛ばしていた。私たちはヘレンの前座だった。ところが、*PLEASE PLEASE ME* がNo.1になると、とてつもなくたくさんの人がビートルズだけを目当てにショーにやってくるようになった。彼女はすごく気さくないい人だったし気まずかった。

10月（1963）のデカい仕事はテレビの *Sunday at the London Palladium* だった。イギリスにやって来たアメリカの超大物スターとか、イギリスの大物とかが出る番組だった。*Palladium* に出演しても、私たちは落ち着いていた。それにもう十分成功していたし、かなり生意気だった。階段を一歩一歩上がる前はいつも神経質になっていたが、なぜか自信があった。4人でやっているメリットだった。経験を共有できていたからだと思う。私たちはロンドンを抜け、パラディアムを抜けてどんどん進み更にエド・サリバンも抜けて、香港へ、世界へ向っていた。

振り返れば、ロンドンのバンドからは散々云われた。ウォトフォートから10キロ北はすべてクズだ。学校も同じだった。校長が私の卒業証書に書いたのはこうだ。“学業に関しては何とも言いようがない。何もやらず、行事にも一切参加しなかった。”私たちは必ず何かが起こると思っていた。なんとかギリギリのところで頑張っていたら、ようやくジョージ・マーティンというほんのわずかな幸運をつかんだ。固い決意があった。成功するには必要だった。弱い立場に置かれ、虐げられた経験があればだれでもわかると思う。リバプールのワーキング・クラスの私たちだったがビッグになれば誰でもすり寄ってくる。みんな勝ち組が大好きだ。負ける時はひとりぼっちになる。

Royal Command Performance でジョンは見に来るのは金持ちのはずだって言うことで、“宝石をジャラジャラ”を投げつけた。何を言ったらいいか考えていたはずだ。ことさら誇張したお辞儀もして見せたし、自然に出てきた言葉ではないと思う。

語り手――――――――――――――――リンゴ・スター

有名になってから

有名になってからも私たちを世話してくれるのはニールとマルしかいなかった。フルタイムでマルがついてくれたのは1963年からで、ボディーガードになってくれた。適任だった。巨漢かつ繊細で「すいません通して下さい」っていうだけで済んだ。絶対けがをさせるようなことはなかった。それからベースもアンプも一人で運んでくれた。

創作活動

私がビートルズに入った時は他の3人については、まだよく知らなかった。だが、レコードのコレクションを見ると４人ともほとんど同じものを持っていた。全員ミラクルズ、バレット・ストロングとかそのあたりだった。ミュージシャンとしてグループとしてつながりを強めるのに役立ったと思う。

最初のアルバムの収録は昼ごろ始まって真夜中に終わった、私の記憶では。*TWIST AND SHOUT* を歌うジョンの声が見事にがらがらになっていた。アルバムに入れた曲は全部知っていた。イギリス中のステージでこなしていたレパートリーだった。御蔭でスタジオに入ってすぐにレコーディング出来た。

有名になるということ

Palladium に出演することは私にとってものすごいことだった。それ以上はこの世には存在しなかった。番組が始まる前、舞い上がったのと緊張でおかしくなって吐きそうになった。いったんステージに立てば大丈夫なんだが。フランク・シナトラみたいにゆったりと歩いて行って“やあ”なんていってみたい。とはいってもシナトラも心のなかでは駆けまわっているんじゃないかな。

私たちはショー・ビジネスの世界をくぐり抜けてきた。スーツを着なければ、絶対に *Palladium* には出られなかった。私たちの服装や態度の変化は、音楽的変化を通じて起こった。20 代はひたすら前だけ向いて生きている。なんだって出来るような気がする。邪魔するものは何もない。たとえ行く手を阻む障害があっても、絶対に打ち負かしてやる気でいる。10 月（1963）に１週間スウェーデンに行って、何度かコンサートをやった。ホテルはすごく楽しかった。

私たちはその年からほんとにあちこち飛行機で移動するようになった。初めてグループとしてリバプールからロンドンまで飛行機で行ったんだが、ジョージ・ハリスンが窓際の席から機外を見て悲鳴を上げた。それからロンドンからグラスゴーに向かう飛行機に空席が３つしかなかった。じゃあ私が立つと言ったら、“申し訳ありませんが、それは困ります、ミスター・スター…”

押しも押されぬスターも大勢私たちを気に入ってくれた。ほんとに気に入られていた。大スターだったシャーリー・バシーも必ずライブを見に来てくれた。アルマ・コーガンはパーティーを開いては私たちを招待してくれた。その頃のアーティストからけなされた覚えはなかった。私たちのことを“才能ゼロ”と言ったノエル・カワードは別だったけれど。後日ブライアンを通してちょっと挨拶（あいさつ）したいと言ってきた。失せろと言ってやった。会う気なんかなかった。

1963年になったら家族全員の態度が別世界に住む人間に接するように変わった。家族とお茶を飲んでいて、おばさんがついでくれたお茶が少しこぼれた。そしたら皆がおばさんを睨み付け、それから私に謝った。ビッグになると人が寄って来る、これが家族のなかで起きたことはショックだった。

もう一つ、みんなが私たちを知識人扱いしてくる。国の政治のあり方、大きな事件の今後への影響。私は突然たわごとを並べるようになった。チャートの首位を何曲かとったことは間違いないが、それだけのことに過ぎない。ビートルズはあとにも先にも教育なんか受けなかったが、ビートルズと人生そのものがすばらしい教育だったのかもしれない。

付説・作品点描

青春の爆発・彼女をゲット

ジョンをはじめとして４人は作品を勝手に解釈されることをひどく嫌っているが、この章以降について第三者的に解釈、評価させてもらう。デビュー期（1962～64）の作品には有名になった喜びと高揚感が素直に表現されている。ビートルズは恋愛に擬してその時点で４人のおかれた立場、心理状況、考え方を表現している。歌詞では恋愛を表現しているが、４人の非凡なところはその中でも、出会い、告白、ちょっとした波風、頂点へというストーリーを展開させている。

以下の各章を通して日本語歌詞は４人が創作した当時のアーティストとして置かれた状況と心象を著者がイメージし意訳、創作した。

LOVE ME DO　　ビートルズです　よろしく

John Lennon and Paul McCartney

（レコーディング：1962 年 6 月、英国発売：1962 年 10 月、米国発売：1963 年 7 月）

ビートルズをよろしく
みなさんを愛しています
いつも皆さんを愛しています
だから皆さんもよろしく
ほんとうに、よろしくお願いします

愛する誰かに
新しい誰かに
愛する誰かに
あなたのような誰かに
ビートルズをよろしく

みなさんを愛しています
いつも皆さんを愛しています
だから皆さんもよろしく
ほんとうに、よろしくお願いします

PLEASE PLEASE ME　　彼女に告白

John Lennon　and　Paul McCartney

（レコーディング：1962 年 11 月、英国発売：1963 年 1 月、米国発売：1963 年 2 月）

ゆうべボクの彼女にも云ったんだが
まだ打ち明けてないのか、あの娘に
おい、おい、いいかげんしろよ
メンドクサイな、はっきりしろ
オレの言いたいことわかるだろ

今更、口説き方教えろってないよな
好きだ、愛してるって云う以外ないよな
とにかく、云ってしまえよ、はやく
こんなこと、いつまでも云わせるなよ
オレ、はやく縁切りにしたいんだ、この件

うるさいだっろー
オレの心中わかるだろー
早くハッピーになれよ
いつまでも小言いわせるなよ
こっちも気が重いんだ

さっき云ったとおりだ
とにかく打ち明けろよ彼女に
とにかくだ　早く　早くだ
こっちも　めんどうなくなるんだ

君以上にだよ

オレもハッピーだが
そう君が一番ハッピーになるんだ

SHE LOVES YOU　二人にさざ波

John Lennon and Paul McCartney

（レコーディング：1963年7月、英国発売：1963年8月、米国発売：1963年9月）

大丈夫、大丈夫
間違いない、間違いない
彼女、キミを愛している
キミは彼女と壊れたと思っている
だが昨日、彼女と話したよ
キミのことばかりは話してた
キミに気持ちを伝えてくれって頼まれた
キミを愛しているよ
彼女とキミ、壊れてはいないよ
そうさ、キミを愛している
ありがたいと思えよ

かなりのことを云ったみたいだな、君は
立ち直れないかと思ったそうだ、彼女
キミが腹立ちまぎれに言い過ぎたんだと
彼女、理解しているよ
キミを愛しているさ
キミも、よかった思っただろう
よかったな
ありがたいと思えよ
彼女は君が好きさ
間違いない、間違いない

お互い思いが通じているようだ
神に感謝しろよ

で、キミはどうする
彼女に応えてやれよ
意地を張ってる場合じゃないよ
ちゃんと彼女に謝れよ
キミのこと愛しているんだから
そこんとこ分かるだろ
彼女の気持ちに応えろよ
良かったじゃないか

彼女は君が好き
キミを愛している
キミも彼女を愛している
キミたちは仕合せだ

相思相愛だ
キミたちは仕合せだ
よかった、よかった、よかった

I FEEL FINE　　二人は仕合せ

John Lennon and Paul Mccartney

（レコーディング：1964年10月、英国発売：1964年11月、米国発売：1964年11月）

いつも優しいボクの彼女
二人はとても幸せだ
“仕合せよ”ってあの子も云ってる
二人は今、最高に仕合せだ

　彼女はボクのためにいる
　と、いつも云ってくれる
　いつも云ってくれる
　二人は今、最高に仕合せだ

彼女いるだけで、すごく仕合せだ
彼女もみんなに云ってまわってる

彼が指輪を買ってくれた
ダイヤの指輪買ってくれた
と、彼女が云ってまわっている
今、二人は最高に仕合せだ

第4章
アメリカと世界

“アメリカでビートルズがエド・サリバン・ショーに出ていた時、世間は犯罪がゼロかゼロに近かったそうだ”

ジョージ・ハリスン

語り手―――――――――――――――ニール・アスピノール

次は、パリを起点にヨーロッパ大陸に渡ることだった。アメリカからはまだ反応がなかった。

ドイツ語版

1964年に入って、ドイツEMIはドイツ語版以外での「シー・ラヴズ・ユー *SHE LOVES YOU*」と「アイ・ウォン・トゥ・ホールド・ユア・ハンド *I WANT TO HOLD YOUR HAND*」のヒットはあり得ないとした。ジョージ・マーティンも折れてパリで公演中のビートルズのためにドイツEMIスタジオでのレコーディングすることになった。ビートルズはジョージ5世ホテルに宿泊していた。当日を迎え、それまで拒否反応をしていなかったにも拘わらず私を通してマーティンにキャンセルを伝えた。カンカンになったマーティンはホテルに乗り込んで来たが4人のユーモアとヒョウキンさの混ざった謝罪に矛を収めざるを得なかった。だが、そうは云ってもレコーディングはやっておこうかとなったが、以降ビートルズの外国語でのレコーディングはあり得なかった。反対に英語版の2曲はヨーロッパ中で大ヒットとなり、ビートルズの世界席巻へ先駆けとなった。

アメリカと世界へ

ところで1964年のビートルズは1月のパリ公演に始まり、2月と8月〜9月にかけてのアメリカ・ツアー、6月にデンマーク、オランダ、香港、オーストラリア、ニュージーランドを巡る世界ツアー、3月いっぱいまでロンドンと周辺での映画「ア・ハード・デイズ・ナイト *A HARD DAY'S NIGHT*」の制作、7月のロンドンとリバプールでの同映画のプレミアム・ショー、10月以降の国内ツアーが主なものだった。

エド・サリバン（米、娯楽作家兼テレビ司会者）のビートルズ発見

スウェーデン公演（1963. 10月、最初の海外公演）を終えてヒースロー空港に戻って来たビートルズは別の飛行機から降りてきたばかりのエド・サリバンと居合わせた。彼は空港のビートルマニアを見、体験し、その場でビートルズと出演契約を結んだ。それまでエドもビートルズもお互いのことは知らなかった。

アメリカ・ツアー

1964年2月9日ニューヨークでビートルズの帰国後に放映されるステージを昼間に録画し、その夜にエド・サリバン・ショーに生出演した。エド・ショーのあと、電車でワシントンに行った。ビートルズの車両はプレスなどでいっぱいだった。それに大変寒い日だった。

ワシントンのショーは四方に観客を入れるボクシング・アリーナでステージはリング上だった。一曲ごとに別の方向を向かなくてはならず、リンゴは中央のターンテーブルの上に座り私たちが回していたが途中で動かなくなり大混乱になった一幕もあった。だが内容的にはいいコンサートだった。

そのコンサートが録画されていてアメリカ中でテレビ放映されたり、ビーチ・ボーイズなど他のタレントと抱き合わせで各地の劇場で有料公開された。そうした放映や公開によって、その年8月からの2度目のアメリカ公演は更に多くのファンを集めることになった。

アメリカ35都市をまわるツアーは、月、火、水、木、金と毎日違う都市で公演した。飛行機の到着、ホテル、記者会見、コンサート、ホテル。そしてまた飛行機で離陸という毎日だった。ブライアンがその間にもう一つショーを押し込むとなると話が違った。さすがにビートルズはノーと言い続けた。皮肉にもノーでギャラがどんどん膨らんでいったことがある。カンザスで予定にないコンサートをやってほしいというオファーがあった。6万ドルで始まったオファーは最終的にビートルズが承認した時には15万ドルになっていた。

8月に2度目のアメリカ・ツアーに行った時には、*A HARD DAY'S NIGHT* の映画もアルバムも大ヒット中で、ビートルズ人気がヒートし大騒ぎだった。地元の高官から面会を求められ、そんな時いつも彼らの子どもたちが一緒だった。そうした面会を4人は、かなり不快に思っていた。

アメリカではイギリス・ツアーよりもあらゆることが巨大化し、収拾がつかなくなっていた。ロンドンの舞台裏の楽屋では自分たちの時間をもつことが出来た。米でのスタジアム公演は訳が違った。楽屋は選手のロッカー・ルームで200人ものスタッフが収容された。私たち5～6人。警備スタッフ、地元のプロモーター、食事の運搬人、ラヴィン・スプーンフル、グレイトフル・デッドなどのバンドなどが入れ替わり立ち代わ出入していた。

黒人差別に抗議

グループは9月11日フロリダ州ジャクソンビル、ガーターボール（アメフトスタジアム）での公演を黒人席白人席の区分を取り払うことを条件とした。

後にポールは言った。

「別にいい人ぶってるんじゃないさ、どうして黒人と白人を分ける必要がある？そんなの馬鹿らしくないかい？」グループ全員がそういう考えだった。

結局アメリカ・ツアーは

おもしろいことがあったし、愉快だった。緊張と疲れはあったが、いやにはならなかった。楽しんでいた。ビートルズが本当に張りつめた時には、私に八つ当たりして気を晴らしていた。

A HARD DAY'S NIGHT

映画は6週間の大仕事だったが、ジョンとポールは映画を撮るだけではすまなかった。水曜日スタジオに入って1曲、金曜日までに2曲という具合に年から年中ノルマに追われていた。飛行機の上でも、ホテルの部屋にいる時も、いつも手元にギターをおいていた。

オーストラリアとニュージーランドのツアーのあと、ピカデリー（Picadilly）で開催された映画 *A HARD DAY'S NIGHT* のワールド・プレミアム・ショーのためにロンドンにもどった。大群衆だった。リバプールでもそうだった。リバプールではジョンがバルコニーでヒトラーの真似をやってのけた。気づいた人はいないようだったがジョンはいつもこうだった。少し非礼なところがある。まあ誰だって神経をすり減らしている時は、それを和らげようとするものだ。

オーストラリア

シドニーに着いた時、土砂降りの雨だった。飛行機を降りたビートルズは、群衆に姿が見えるようにトラックの荷台に乗せられた。時速1マイルで走行していた。ジョンが身をかがめて運転手に“もっと速く、もっと速く— 雨がすごいんだ”と言った。スピードを上げなかった、“あの子たちはあんたたちに会いたくて24時間待ってたんだよ”。

ビートルズは人だかりに慣れっこになっていた。オーストラリアに行く前のオランダで、ボートで移動した時、運河の土手に群衆が集まったし、どこでもそうだった。

本当のビートルズ

アメリカ・ツアーを終えてイギリスに戻った。イギリスでやった最大のコンサート会場はウェンブリー・アリーナだった。でも主にやっていたのはオデオン映画館のような小規模の会場だった。

1963年末と1964年末の仕事を対比すればビートルズがよくわかる。ツアー、レコード、映画に加えクリスマス・ショー、TOP OF THE POPS, THANK YOUR LUCKY STARS, AROUND THE BEATLES ,（37回）のテレビ番組、BBCのラジオ（22回）、まさにノンストップだった。ブライアンはかなり先の計画を立てるようになっていた。例えば1964年のクリスマスには、1965年のアメリカ・ツアーを計画し、*HELP*の台本をまとめようとしていた。

語り手――――――――――――――――――デレク・テイラー

無理をいったが

パリにいる間にビートルズ旋風を起こすのは明らかだった。*I WANT TO HOLD YOUR HAND* がキャシュ・ボックス誌のチャートでNo.1になり、行く先々でビートルマニアが広がっていた。アメリカ進出前のジョージのコラムを“明日は世界だ”と云うような内容にした。しかし通信社は私をアメリカに派遣することなく現地の駐在員にビートルズを取材させた。ツアーの一回目について私はただ想像するしかなかった。前述の通りブライアン・エプスタインの個人秘書を経てビートルズ広報担当として1964年8月の2回目のアメリカ・ツアーから同行した。

アメリカでは 多くの人々に歴史的な瞬間を共有してもらおうと考えていた。しかし、万単位のファンは少しでもバンドに近づくことを要求した。ある週末には2万人がニューヨークのホテルの交換台に電話をかけ、私に連絡をとろうとした。対応のしようがなかった。だがそんなプレッシャーにビートルズはうまく対処してくれた。“さあもう一回外に出て手を振ろう”と私の要求は更に過大になった。そして 誰かがキレることがあった。“それなら代わりに手を振れよ”とジョージが反発した。“シャーリー・テンプルには会わない！”―“大声ださないでくれ、彼女にきこえるよ”―“いいじゃないか、シャーリー・テンプルなんか、なんの関係もない！”

ツアー中でも外部の人々との付き合いを必要とした。リンゴとポールはよくやってくれたが、ジョージは全く付き合ってくれなかった。ジョンは他のメンバーがあてにならない時は付き合ってくれた。ジョンと私は薬で眠気を覚まし、酒をたくさん飲んで寝ないで、朝いちばんのお客さんに対応した。このような経過の中でジョンと私の間に友情が培(つちか)われてきた。
広報の立場からビートルズにいろんな注文を付けなければならなかった。私の仕事がブライアンと食い違いの始まりとなった。ブライアンはビートルズ以外のタレントの担当に私を向けた。ビートルズと私の関係がなくなるのであれば仕事の目的は失われてしまう。1964年９月ニューヨークで別れを告げた。３か月の予告期間を終えて私はデイリー・ミラーの記者になった。ほとんど普通の、ただの記者だったが幸せだった。
そして又、1967年３月にビートルズの広報に復帰した。

語り手――――ジョージ・マーティン

意思疎通

CAN'T BUY ME LOVE にはエンディングとイントロにインパクトとが必要だった。私はいきなりサビで始まり、サビで終わろうと言った。みんな悪くないアイデアだ。そうしようと言ってくれた。

リンゴの代役

1964年６月にワールド・ツアーが始まった。スカンジナビア、オランダ、香港、オーストラリア、ニュージーランドを回った。その中でリンゴが扁桃腺で出演できなかったツアーがあった。コンサートはキャンセル出来ないから代役にセッション・ドラマーのジミー・ニコルが決まった。もちろんリンゴと同じというわけにはいかないが、彼はよくやった。一時的には名声を押し付けられ、終わったら有名ではなくなる。それでも誠実に自分の役割をはたした。だがもう少しでオーストラリア・ツアーをやめるとこだった。ジョージがリンゴがいなければビートルズじゃない。ツアーはやめるといった。ジョージの誠実な人柄からだった。だがブライアンと私はジョージが行かなければみんながっかりすると必死の説得をした。

狂乱

ジョン　ポール　ジョージは6万人の絶叫の渦中でマイクに向かい、リンゴはステージ後方のドラムの位置に座っていた。状況を把握するのがいかに難しかったか、リンゴの話を聞いた。“私がやりたいことは何一つできなかった。ただ、常にバック・ビートをキープして、みんなをまとめ上げなければならなかった。私はどこをやっているのか判断するために、3人の体の動きを追っかけていた。”

近づきサインを欲しがる人々が押し寄せた。押し寄せる地獄のストレスを目の当たりにし続けた。レポーターが群がった。ひじや足で人を押しのけ4人に迫った。エレベーターが動かなくなることがあった。平穏でいられたのはホテルの部屋で仕事を忘れる時くらいだった。そんな時も外では悲鳴が渦巻いていた。

語り手 ——————————— ブライアン・エプスタイン

世界の超トップ

世界的スターとして成功するかどうかは、すべてアメリカにかかっていた。結局、アメリカ訪問は大成功だった。

語り手―――――――――――――――――――ジョン・レノン

アメリカ

アメリカの熱狂に仰天した。フランキー・アヴァロンのショーではクリフ（リチャード）でも14番目の扱いだったし、全然受けなかった。エド・サリヴァン・ショーの出演は知らされていたが、それでもアメリカでLPを買ったり、聞いたりすることくらいは出来るだろうと思っていた。とんでもないことだった。

ハードなことを切り抜けられたのは私たちのユーモアだった。どんな時でもジョークで返した。私たち自身に対しても同じだった。

ポールと私

ポールと私は映画用の曲作りを楽しんだ。全部仕上げるのは無理だと思ったが、パリで２曲、マイアミ・ビーチで日光浴をしながら３曲、書いた。特に気に入っていたのが *CAN'T BUY ME LOVE*、*IF I FELL*、*I SHOUD HAVE KNOWN BETTER*、*TELL ME WHY* だった。

初めのうちは *LOVE ME DO* を除いて実質的に私が歌っていた。私には音が高すぎた *A HARD DAY'S NIGHT* はポールが歌った。敵ではなかったけれど、競争心があった。若いころから"兄弟同士のライバル意識"を生かして曲を書いていた。

リンゴイズム

リンゴの口から出るおかしな間違い言葉―リンゴイズム―*A HARD DAY'S NIGHT* を監督のディック・レスターが使おうと云った。私は翌朝には曲を作って持ってきた。

オーストラリア

オーストラリア空港で大型バンに乗りずぶぬれになった。ヒステリックに笑った。私たちはたかだか 15 分くらいだったがファンの皆はものすごい雨にさらされながら何時間も待っていてくれた。オーストラリアを発つまでには 100 万人ぐらいの人にあったに違いない。みんな悲鳴を上げていたが、警備がしっかりしていてケガをした人は誰もいなかった。メルボルンはアデレードと同じくらい熱狂的だった。私たちには役人の社交辞令の出迎えなど要らなかった。宿舎のバルコニーに出て群衆に向かって手を振った。マオリ族の人たちが私たちのために踊りを披露してくれた。今までで一番短時間で楽しい歓迎だった。

キリストではない

どこのコンサートでも、障害者のための席が用意してあった。あらゆる人を楽屋にいれるべきと思われていた。廊下を通ると皆さんは私たちに触ろうとする。母親や看護師が私たちの方へ押しやってくる。まるで私がキリストで触れるだけで病を治すかのように思われていたのだろうか。私だって一人になりたいと思う時がある。私たちはみなさんを気の毒に思っていた。誰でもそうだろうと思う。でもやりすぎだと思う。ステージで演奏することへのプレッシャーについて云うべきことが沢山あった。

私たちはいつも同じ質問をされてイライラしていた。“ この泡のような人気が終わったらどうしますか？ ” 私たちは夢を追い続けていた。

ベトナム戦争をやっている

ビートルズは全部反戦歌だ。

All our songs are anti-war.

おエラ方はブタ野郎（SNOB）だ

俗物が無遠慮に触りに来て私たちは人間扱いされなかった。市長や夫人たちは *A HARD DAYS NIGHT* みたいにやたら触ってもかまわないと思っているようだった。ワシントンのイギリス大使館だった。どこかの野蛮人がリンゴの髪を切った。ブタ野郎たちに罵詈雑言を浴びせながら抜け出してやった。

私たちが行くところは何処にでも警察がこれ見よがしに出動していた。みんなが狂ってしまうさまは、それだけでも映画が作れるほどだった。台風の目と呼んでいた。真ん中は静かだったから。私たちがビッグになればなるほど、周囲の騒動は大きくなった。市長夫人と握手をしなかった。金切り声で“よくもそんなことを”と罵倒し始めた。アメリカの何処かで session を終えて眠っていた。市長夫人がやって来て“起こしなさい”と命令した。デレクが断ると、“私は彼らに会いに来たんですよ。起さないなら報道陣に話しますわよ”とわめき始めた。彼らはいつもマスコミを通じて悪い評判をたててやるとおどし、歯を矯正中の彼らのクソガキらと私たちを会わせようとしていた。たいてい警察署長か市長の娘だった。親も子も最低で、何より不快で馬鹿げた体験だった。

それでもビートルズの方がましか

17 年間出来た買い物が不自由になった。それでも 4 人だったら出来ないが、一人の時は気づかれないこともあった。自分で稼いだ金さえ使えなかった。ツアー中は隔離され、仕事して、寝て、食べて、また仕事するだけ。何年間も仕事してない時間が思いだせない。突破してきたファンが首に絡みついてくる。私たちを殴った相手は護衛していた人たちだった。見当違いが多かった。

私たちの生活は映画 *A HARD DAY'S NIGHT* のような楽しいものではない。映画は映画であり作りものだ。ツアーに１日オフという日がある。外出するのは警察やいろんなところを巻き込んだり、サインをもらいに来るから、まるでオフにならない。各地のホテルでじっとしているだけだ。そんな生活にも慣れるもんだ。たぶん囚人もそうだろう。ギターを弾いて、歌って、人々に囲まれて、トランプをする。それでも学校とか貧乏に逆戻りするよりはマシだ。

周りに助けられて

ビートルズはプレッシャーの中でどうしようもなく嫌なヤツらになっていた。ニールやデレク、マルに八つ当たりしていた。きつい仕事で誰かが引き受けなければならなかった。損な立場で私たちのイライラを和らげてくれた。

語り手 ―――――――――――― ポール・マッカートニー

全米チャート１位になった

パリで公演中のある日（1964. 2.1）オランピア（Olympia）からホテルに戻ると、ブライアンがアメリカで No.1 になったと部屋に駆け込んできた。アメリカで *I WANT TO HOLD YOUR HAND* が No.1 になった。それから１週間、興奮が冷めることはなかった。キャピトル（レコード会社）は女優のジャネット・リーなどにビートルズのかつらをつけさせてプロモーションした。モップトップ・ウィッグ、モップ・トップ旋風がアメリカ全土に広がった。私たちの誰も予想していなかったが空港にはおびただしいファンが押し寄せていた。空港からリムジンに乗り込んでラジオをつけると私たちのことを言っていた。“ビートルズは空港を離れ、ニューヨーク・シティに向かっています”夢みたいだった。生涯最高の思い出だった。

アメリカ公演

最初のエド・サリバン・ショーの視聴者数は7300万人と伝えられた。今でも史上最高と考えられている。モップ・トップ頭の私たちが突然現れる。ブレイクした理由の一つだった。はじめは音楽よりヘア・スタイルだった。私たちが出ると多くの父親がテレビを消そうとした。ごまかされるなよ。かつらをかぶっているんだ。多くの母親と子どもはつけたままにしていた。今や大人になって、何に感動したのかわからないけれど、多くの人が“ビートルズをやってたのは日曜日だった、座ってエド・サリバン・ショーを見ていた”と言った。

カーネギー・ホールで演奏した。そのあとマイアミに行って、2回目のエド・サリバン・ショーを録画した。椰子の木が生えている土地なんか行ったことがなかったこともあり観光気分だった。大きなホテルの地下のキャバレーでも演奏した。部屋から浜辺を見下ろすI LOVE JOHNの文字が見えた。

女の子たちの絶叫・大音響の中にいて気がおかしくならないかと訊かれたことがあった。全く気にしていなかった。演奏を間違えても、音程がずれても平気だった。私たちにも、観客にも聞こえないからだった。

目にライターをぶつけられ当分の間目があかなかった。シカゴでは動物のぬいぐるみ、ゴム・ボール、縄跳びまでもがステージに飛び込んできた。演奏中に投げつけられたウインストンのタバコ1カートンが邪魔で蹴飛ばしたこともあった。

有名人に会えた

ロネッツと会った時は興奮した。ダイアナ・ロスとシュープリームスとか作曲家のジャッキー・デ・シャノンみんな尊敬していた人たちだった。この旅で興奮することがたくさんあったが、テレビやラジオなど仕事はきちんとこなした。

映画

映画を作りたいという気持ちが以前からあった。アメリカで成功したから次は映画だった。

オーストラリア

アデレードの街につくまでに30万人の人に歓迎された。私たちがタウン・ホールに来ると聞いて集まったようだ。多くの人が集まってくれて嬉しかった。ビートルズはこれまで階段を一段ずつ歩んで来たから過信することはなかった。空港から街に直行し親指を立ててパレードした。市長と一緒にタウン・ホールに行く時も親指を立てていた。リバプールでは問題なかったのだが、オーストラリアでは下品な真似だった。

キリストではない

私たちは十代のころから障害を持つ人の真似をして笑いを誘おうとする癖があった。ロイアル演劇アカデミーに通っていたことのあるブライアンは、こうした傾向を不快に思い再三にわたって叱りつけた。弁解になるが障害のある人たちに出会うと気持ちが重くなり、ブラック・ユーモア化して笑ってごまかそうとしていたのだと思う。

語り手——————————————ジョージ・ハリスン

パリ公演

1964年1月に私たちはパリで何日かコンサートをやった。フランスの客にはまいった。少なくとも初日はタキシード姿の年配の人ばかりだった。それと、ゲイっぽい男の子が束になって楽屋口のあたりにたむろして“リンゴ、リンゴ”と叫んだり私たちの車を追っかけたりした。ブリジット・バルドーみたいな女の子を頭に描いていたが、残念ながらそんな子はひとりもいなかった。

生まれて初めて広い大理石のバスルーム付きのスウィート・ルームに泊った。確か、隣どうしのつながったスウィート・ルームが割り当てられた。あまりに部屋数が多かったので、どこまで続いているのかと思った。

アメリカ・ツアー

キャピトルから *CAN'T BUY ME LOVE* が発売されることになっていた。プロモーションがちゃんと行われればヒットのチャンスがあると自信があった。その頃、ライフやニューズ・ウィークとかの雑誌にヨーロッパのビートルズ・マニア現象が紹介されていた。だから、曲自体すごくキャッチャーだったしキャピトルにとってはそれほど難しい仕事ではなかったはずだ。

No.1になったと知ってすごい騒ぎになった。ブライアンやジョージ・マーティンも一緒に地下貯蔵庫みたいなレストランに連れて行かれて、ディナーでドンチャン騒ぎをした。パリ公演から間をおかずにアメリカに行くことになっていたし、エド・サリバンの仕事は決まっていたのでレコードがNo.2でもNo.10でもどっちみち行くんだったが、No.1 なので まるで気分が違った。

キャピトルはヨーロッパでビートルズ・マニア現象が起きてからやっと、“さあビートルズのレコードを出そう”ときめた。*I WANT TO HOLD YOUR HAND* を私たちのファースト・シングルとして売り出したが、実際には 4 枚目だった。

前年 1963 年に休暇でアメリカに行った時の私は、有名なビートルズの一人ではなかった。ニューヨークとセント・ルイスを見て回り、姉が住んでいたイリノイの田舎に行った。レコード屋を何軒か尋ねたがビートルズのビの字もなかった。ボビー・ブラントとかその手のモノを買った。

私たちの公演前にブライアンは 30 万ドルをかけて宣伝するならキャピトルとビートルズとの契約をしますよともちかけていた。キャピトル はその通りにした。実際は 5 万ドルぐらいらしかったが、とてつもない大金に感じられた。どれだけ宣伝するかが取引条件の一つだった。

エド・サリバンがビッグだということはエルヴィスとマネージャーのパーカー大佐から電報をもらってわかっていた。エド・サリバン・ショーに出ていた時間の世間は犯罪がゼロかゼロに近かったということだった。泥棒、強盗も 20 ～ 30 分休憩したんだろう。

著名な人たちが私たちに会おうとしていた。その頃はもう影響力があったんだろう。私たちの知らない、アメリカでは有名だがイギリスでは無名という人もいた。シュープリームスはもちろんよく知っていた。

これはビートルズの大々的な宣伝イベントだったんだが。モハメド・アリ、すごくキュートだった。2 日後にソニー・リストンとの試合があったんだが、ビートルズを一人づつ片方の脇に抱えている有名な写真があった。連れ回されたり、プレスが押しかけている部屋に詰め込まれて写真を撮られたり、質問されたりも仕事だった。私たちはプレスを飛行機に同乗させていた。アメリカ・ツアーでずっと報道に話しかけていた。私たちはベトナムについて発言すべきだと思っていた。かつてポップ・スターは観客やプレスに話しすぎてはいけないと考えられていた。結婚も出来ない、ガールフレンドを公表してはいけない。私たちは率直で、現実的で、きわめて正直だった。単純におもしろがっていただけなんだが結局、ビートルズの記者会見ではそれが魅力になっていた。

もう十分だ

最初の頃は楽しんでいたが、そのうち面倒になってきた。最初のアメリカ・ツアーは新鮮だったが、同じ年にもう一度ツアーし、その翌年もとなるともう十分だった。身動きもとれなくなっていた。

オーストラリア

オーストラリアで群衆の写真を撮った。――バルコニーやパレード・カーの後部座席からも撮った。ここでも人気があるとわかって嬉しかったからだ。みんな女王様が来た時よりすごい人出だと言ってた。そりゃそうだろう女王様にはヒット曲がないんだから。夜の９時頃に突然全部のチャンネルの放送が終わってしまった。食べていたフィッシュ＆チップスと豆をテレビに投げつけた。

キリストではない

楽屋を出てステージに向かう間に大勢の障害を抱えた人たちの間をすり抜けなければならなかった。車椅子の人だけではない酸素吸入テントで運ばれてきた人もいた。時には介護をする人たちがショーを見たいからダシに使っているのではないかと、ひねくれた感情に取りつかれたこともあった。ブライアンに今日は何人来るんだと聞きたくなるほどだった。私たちはロックン・ロールを演奏しているだけにすぎない。神でもない私たちには重苦しい辛いことだった。

軍隊も英雄も間違いだ

私たちは戦争に関係があることは全部間違いだと考えている。みんな間違いだ。イギリス人（人々）はネルソンやチャーチルやモンチティに心酔している。口にするのは戦争の英雄の話ばかりだ。*ALL OUR YESTERDAYS* を読めばわかる。あちこちでどれだけドイツ兵を殺したことか。ゾッとする。杖を突きながら“軍隊に 2、3 年いればいいことがある”と教えるような人たちだ。

警察やプロモーターは私たちをトラブルの元と考えていた。但し、その頃は何処へ行っても私たちと違う次元で何かが起り始めていた。カナダではフランス系がイギリス系から分離しようとしていた。

ビートルズの基本線

1964 年 10 月からまたイギリス・ツアーを始めた。アメリカでは大きなスタジアムで演奏したが、イギリスではアクリントンの労働者クラブあたりでわずかな報酬で演奏した。成功を収めてからも有名になる前に約束していた仕事をちゃんとこなした。そのことをみんな誇りに思っていた。

ジョンは偶然出してしまったフィードバックの音を気に入った。曲の頭に入れるとおもしろいと考えるようになった。わざとフィードバックが起きる位置にギターを構えていた。

語り手 ―――――――――――――― リンゴ・スター

パリで

信じられなかった。大声を出して騒ぎ続けた。4 人とニールが最後にいた場所はセーヌ河のほとりのベンチだった。私たちがニールに「泳げば 2 万ポンドやるよ」と言ったらニールは本当に泳いだ。だが 4 人は、「いやだね、悪いけれど」と言って払わなかった。

何もかも好転し神が味方してくれていると思った。バンドにはすごいシンガー・ソングライターもいた。私たちはスウェーデン、フランス、スペイン、イタリアと大成功を収めていた。だがアメリカだけは不安だった。ジョージだけが前年アメリカに行っていた。“2 社からシングルが 3 枚出ていたはずなのにどこの店も置いてなかった”とジョージは言った。ビートルズを知っている人さえいなかったそうだ。その頃私たちは有名であることには慣れっこだったが、アメリカについては不安だった。ところがうまく回り始めていた。キャピトルと契約が成立し、アメリカの地を踏む直前にはレコード *I WANT TO HOLD YOUR HAND* が No.1 になっていた。

アメリカ・ツアー

すごく興奮した。飛行機ごと大きなタコの足に絡まれてニューヨークに引ずり下されているんじゃないかと思った。飛行機を降りると、まるでイギリスみたいに数えきれないほどのファンが待っていた。アメリカは最高だった！

初めてのエド・サリバン・ショーでは、リハーサルに半日かかった。テレビの音響機材が悪かったからリハーサルを録ったあと、コントロール・ブースに上がってあれこれつまみをいじって調整し休憩に出た。そしたら誰かが調整をもとに戻していたのでまたやり直しになった。

すぐにニューヨークが大好きになった。私たちは馬車に乗ってセントラル・パークに行った。プラザ・ホテルで全室テレビ付きのすごく広いスウィート・ルームに泊った。アメリカはあまりにも進んでいて情報がすごく速かった。

ワシントン行きの電車の中でニューヨーカーのレポーターたちが言いがかりをつけてきた。それまでのポップ・グループは優等生みたいにふるまっていたらしい。ところが煙草は吸うわ、酒はのむ、怒鳴りつける。私たちを気に入ったみたいだった。

ツアーの熱狂ぶりは刺激的だった。囮のパトカーとか、会場に誘導される手順の複雑さも大好きだった。有名な人たちにもたくさん会えた。まだ当時は誰にも捕まらないで外出することが出来た。

イギリス系ユダヤ人への見せしめのために私を殺害の標的にするという情報が入った。そもそも私はユダヤ人ではないのだが。そうはいっても私たちは対応を迫られた。私は一段高い位置にいたので多少とも防御になるようにシンバルを水平から客席に向けて縦にした。私服警官に側に座ってもらった。だが時間がたつにつれて不安になってきた。観客の誰かが私に銃を向けたら警官に何が出来るか。ただ座っているだけではないのか。そんな不安に耐えながらいくつかのコンサートをこなしていくうちに無事ツアーを終えた。

1964 年 4 月ビートルズはアメリカのヒット・チャート上位 5 位を独占するという快挙を果たした。

ブタ野郎だ外交官は

有名人になったせいかワシントンでイギリス大使館に招待された。なぜか私たちは出かけて行った。ただ突っ立って、はい、とか、いいですねってドリンクを飲んでいたら、突然髪を一握り切り取られてしまった。私はもちろん頭にきて怒鳴りつけてやった。そしたら“ああ、気にしないでくれ、君”と言いやがった。英国紳士か、外交官か知らないが、素性はどうしようもないブタ野郎だった。

リンゴイズム

以前ほどではないが、一つのことをしゃべっている間に、他のことが頭に浮かんできてドンドン出来上がってしまう。この間、昼間ずっと仕事をして夜になっても終らなかった時、まだ昼間だと思っていた私は“たいへんな日……”と言いかけて、あたりが暗くなっていたのに気づき、“の夜だった！”と言い直した。*Tomorrow Never Knows* も私がいったことだが、どこから出てきたのか自分でもわからない。Slight Bread（かすかなパン）もそうだった。“かすかなパンありがとう”というやつ。ジョンが一番すきなやつ。よく私の言葉を書き留めていた。

おかげで復帰できた

オーストラリア・ツアーを前に私は扁桃腺で入院してしまった。その時の苦しさは今でも覚えている。アイスクリームやゼリーだけで食事を済ませた。煙草を吸っていたから我慢するのはかなりきつかった。ビートルズが私抜きで出発するのは何とも言い表せない嫌な気持ちだった。代わりにジミー・ニコルを連れて行った。もう私は無用になったのではないかという思いに取りつかれた。

症状が軽快して直ちにオーストラリアへ飛んだ。かなりの長時間に感じた。メルボルンでやっと合流できた。バンドに復帰できてホッとした。香港で私のためにプレゼントを買ってくれていた。オーストラリアはすばらしかった。

キリストではない

障害をもつ人がビートルズに会うために舞台裏に連れてこられることがよくあった。海外でもイギリスでもよくあった。本当に痛ましかった。ところが楽屋に置いて行かれたままになることがよくあり、マルに退出とその後の世話をしてもらった。一連の対応をかなり重苦しく感じた。

ビートルズ・スタイル

イギリスに帰ってから、当初の条件通りでそこに行って演奏した。人里離れた小さなダンス・ホールで演奏した。私たちもブライアンも誠意を重んじた。買い物をするときには、皆で同じ店に行った。私が青いシャツを買うと誰かが同じシャツの色違いのピンクを買い、誰かが衿の型違いのボタン・ダウンを買うという具合だった。そういうわけで、私たちはどの写真でも同じような服を着ていた。そして、そのままユニフォームになった。

第５章
変化のきざし

“いろんな影響が反映されるようになって歌詞も初期の頃とは違ってきた”

リンゴ・スター

語り手 ―――――――――――――― ニール・アスピノール

１月（1965）に入ってもビートルズは前年からのクリスマス・ショーが続き、その他の公演もこなした。その後に若干の休暇を取り２月から５月にかけてバハマ、オーストリア、イギリス国内で *HELP* の撮影に多くの時間を割いた。６月にビートルズへの MBE（Member of the British Empire）勲章叙勲が発表され、９月に女王から直接授与された。８月から伝説のシェア・スタジアム公演を皮切りにアメリカ・ツアーに入り、エルヴィス・プレスリー宅での交歓も実現した。９月にポールの単独シングルであったが *YESTERDAY*（イエスタデイ）がビートルズ名で発売された。他に *HELP*（ヘルプ）、*TICKET TO RIDE*（涙の乗車券）が米・英でのチャート・トップに立ち、年末にかけてアルバム *RUBBER SOUL*（ラバー・ソウル）が発売された。

シェア・スタジアム、アメリカ・ツアー

6月から7月かけてのツアーではフランス、イタリア、スペインをまわった。ヨーロッパのあと8月全米ツアーの最初にシェア・スタジアム（ニューヨーク）での公演を行った。55,600人が入場したシェア・スタジアムでの甲高い歓声を1時間聞いたら耳鳴りが止まらなくなった。かつてない最大の屋外コンサートだったというのをあとから聞いた。ビートルズのコンサート・ツアーで最も豪華で派手なコンサートだった。そうした公演の最中でもジョンは、ちょっとした発言、行動に抜群のユーモアを発揮していた。他の3人もそれを心得ていてお辞儀をする時でも他のメンバーたちとペチャクチャしゃべっていた。

アメリカでは大勢のガードマンや警官が大騒ぎするファンを取り締まっていた。私は警察署長とビートルズをどうやって会場に入場させ、退場させるかを検討したり、その都度持ち上がる問題に対応していた。そうした公演の連続であったため当時、そばにいた人間はビートルズがいら立っていることに気づいていた。だからロサンゼルスで休暇を取ることにした。

エルヴィス・プレスリー宅訪問

マネージャーであるトム・パーカー大佐（と呼ばれていたが軍とは無関係）、エルヴィスの妻プリシラ、メンフィス・マフィアと呼ばれるエルヴィスの仲間たちがいた。ブライアンが部屋に入ると大佐が席に案内した。そこに15人くらい集まって来た。みんな銘銘に座って話していた。エルヴィスは水を飲みながらビートルズのメンバー二人と一緒にギターを弾いていた。私はマルと部屋の反対側にいて、その場にいた他の二人と話をしていた。ビートルズの4人もエルヴィスも穏やかな会話を交わしていた。どちらも興奮を押しとどめているよ

うだった。

新しいサウンド

1965年はまだテレビに出演しクリスマス向けのお笑いコントをやっていた。ロックン・ロール・バンドとしては異例だった。多忙ななかでも実験的にスタジオでサウンドを創っていた。しかしステージでは技術的に不可能で再現できないことに気づいた。もう4人はベルト・コンベアーみたいに演技したり大声で歌ったりすることにうんざりしていた。

語り手————————————ジョージ・マーティン

YESTERDAY（イエスタデイ）

斬新な曲だった。他のメンバーはひとりもタッチしなかった。ジョンはチェロのブルージーなメロディーが素晴らしいと絶賛していた。クレジット（人物）をポール・マッカートニーにすべきじゃないかと言ったら、ブライアンはどんな事情があってもビートルズとして販売すると言った。

そうした経過から*YESTERDAY*は最初からマスター録音した。ストリングスを入れるぐらいしか思いつかないと言ったらポールはマントバーニーみたいにはしたくないといった。そこで少数の弦楽器を加えるのはどうかと言ったら、興味を示したので弦楽四重奏に演奏してもらいオーバー・ダビングしてレコードを完成させた。

新しいサウンド

4人はいつも新しいサウンドを探していた。次から次へと新しい楽器を試してみるのは、いい意味で緊張感があったし、楽しかった。見たこともない楽器を平気で使おうとした。そうした中で *IN MY LIFE*（イン・マイ・ライフ）はジョンらしさがはっきり出ていた。単純だが手が込んでいる曲で私も大好きだった。ジョンは間奏を決めかねていたのでバロック調のピアノ・ソロを録音しておいて聴かせてみた。旋律がちょっと複雑だったのでテンポを半分に落として弾き倍速にして再生した。ジョンは大変気に入ってくれた。

そして *RUBBER SOUL*（ラバー・ソウル、1965年12月発売）を創る頃にはすでに新しい音楽性を見出していた。初期にアメリカのR&Bの影響が大きかったのはリバプールが港町だったことが影響したと思う。4人はモータウンやブラックミュージックについて誰よりもよく知っていて、多大な影響を受けていたはずだ。年月とともに違う音楽の影響が見え始めた。クラシックとかモダン・ミュージックとか1965年頃からだ。ビートルズのスタジオはいつも賑やかだった　みんなレコーディングを心から楽しんでいた。特にヴォーカルをオーバーダビングするときは大変だった。ジョンが可笑しなことばかりし、みんなもそれに乗っていった。覚えているのはその頃がすごく楽しかったということだ。

語り手 ———————————— ブライアン・エプスタイン

ファンとビートルズ

滑走路の前で車を降りると、あふれんばかりのファンが集まってプラカードを掲げて手を振り、歓声を上げていた。気づいたジョンとジョージはかなり驚いた様子だった。ポールとリンゴも興奮していた。4人は大勢のファンとカメラマンの前でポーズをとり航空会社からストップがかかるまで手を振り続けた。ビートルズがファンの応援を大切にしていることが、みんなに十分伝わったと思う。*HELP* のバハマ・ロケの一行78名、ビートルズの他に監督、俳優、それぞれのスタッフで機内は満席だった。

ロンドン出発から11時間余り、現地時間の午前7時、チャーター便のボーイングがナッソーに到着した。温かい気候と人々が出迎えてくれていた。だが、ビートルズと私は、出迎えのファンに近づくことさえ許されず、記者会見の会場に連行されてしまった。アーティストが"ファンを無視した"と叩かれるのは仕方のないことだった。

語り手 ―――――――――――――――――― ジョン・レノン

闘牛場コンサート・スペイン、ヨーロッパ・ツアー

観客がお偉方の年寄りばかりだったのでムカッとした。最前列にズラーっと座っているのを見たらそのまま帰りたくなった。どう考えても不自然だった。

シェア・スタジアム、アメリカ・ツアー

ニューヨークで行った全米ツアーのオープニング公演で、55,000人の観客の前で演奏した。会場は狂気にあふれていた。ステージに上がる30分前の着替えの時、みんなのやる気は失せていた。だがステージに上がると気分が回復した。

前代未聞にして世界最大のライブだった。興奮して夢を見ているよ

うだった。自分たちがビートルズだという意識はなかった。ただ歌うだけだった。

最初の４～５年はライブでちゃんと音楽を聴いてもらえた。すごく楽しかった。有名になって聴いてもらえなくなった。それはそれでまた楽しい。客は叫びたければ叫べばいいし、私たちは観客に向かって悲鳴を上げるだけだから危険なことじゃなかった。

エルヴィス

初めて *HEARTBREAK HOTEL*（ハートブレイク・ホテル）を聴いた時は何を言っているのかサッパリわからなかった。それでも鳥肌がたった。エルヴィス・プレスリーもリトル・リチャードも、チャック・ベリーも歌詞なんか全然聴き取れなかった。わけがわからないまま聴いた。すごい音だ、それだけの理由だった。

エルヴィスに会えたのはすごいことだった。エルヴィスは何曲かギターをつま弾き、私たちもギアーを弾いた。そんなに大男ではなかった。もごもご話す男だった。期待していたとおりの、すばらしい男だった。

アーティストとして陸軍に入る前のエルヴィスはすばらしかった。入隊してホモ野郎にいじめられたんだろう。入隊前と変わった。本当のエルヴィスは、陸軍に入隊した日に死んだ。私たちは４人いるから言い争いはしょっちゅうしている。だが何年も一緒にやっているから、あるところでピタッと止まる。誰かが落ち込んでいれば、いつも助け合っていた。４人いると誰かが支えてくれた。落ち込んでいた時、元気が出るまで一緒にいてくれるとか。エルヴィスは孤独だったんだろう。

MBE 叙勲とエリザベス女王

私たちの MBE 叙勲に不平を言っていたのは、たいてい戦争の英雄行為で勲章を受けた人たちだった。彼らは人を殺して勲章をもらった。私たちは人を殺して勲章をもらったのではない。戦争とは一切関係ない市井の受勲者だ。殺人の代償として叙勲されるなら、今後も人を傷つけてイギリス経済を発展させる勲章だと自覚して受け取るべきだ。受勲の理由がどうであれ、私たちはMBEとOBE（Officer of the British Empire）授与の順番を待っている人たち全員にサインした。

ミミおばさんはMBE勲章を誇りに思っていた。渡したらすごく喜んで暖炉の上に飾ってくれた。受勲はしたものの私は自分を偽っていた。勲章をどうにかしなければ呪縛から逃れられないと思った。ひそかに返しても、マスコミに嗅ぎ付けられるだろう。それならば大胆に行動しようと決めた。返すこと自体がイベントなんだ。私がやろうとしている平和のためのイベントなるんだ。私とヨーコはガンジーやキング牧師になろうとしているのではない。イギリス国民として、ヨーコと一緒に、ビアフラ紛争に関わっているイギリス政府に抗議したいだけだ。出来るだけ効果的な方法で、出来るだけ目立つように抗議しようと思った。4年後の1969年11月にMBEを返上した。女王は頭がいいから勲章を返したって嘆いたりしないさ。

YESTERDAY

「イエスタデイ」のことなら全部わかっている。私は絶賛している。ポールが生み出した、ポールの曲だ。すばらしい。

新しいサウンド

*HELP*は自他ともにアップ・テンポのロックン・ロールだと思っていた。だが自分自身が“ヘルプ”と叫んでいたことに気が付いた。ビートルズの何もかもがわからなくなっていた。毎日飲み食いしまくってブタのように肥えていく自分に幻滅していた。

朝になるまで5時間ぐらい悩み続けた。ただ座っている自分は何者なんだ。頭が空っぽになった。お手上げであきらめた。その時私はひとりぽっちだ。Nowhere Land（空想の世界）にいる Nowhere Man（行き場のない男）だった。そしたら不意に *NOWHERE MAN* の歌詞とメロディーが浮かんできた。知的な歌詞を書こうと何日も頭を抱えていたが、限界だとあきらめた。とたんにひらめいてきた *IN MY LIFE* の時もそうだった。結局、成り行きに任せるのが一番なのだろう。

すべてのファンを喜ばせることは出来ない。そんなことをしたら結局中途半端になって誰からも相手にされなくなる。好かれるのは嬉しいけど自分の全てを犠牲にすることは出来ない。私たちの作ったレコードを買うか買わないかを決めるのはファンの方なんだ。自分の考えがベストだと信じてやるしかない。

私とポールは "I love you. You love me" とかいう歌を気楽に作っていた。ある人からこうした作品を何時までも続けるのかと問いかけられた。自分の人生について考えることはよくあったが作品にしてなかった。例えば、そこでメンローブ・アヴェニュー 251 番地の家からバスで通学していた頃を思い出した。過去の友達や愛した人々。思い出したすべての光景を書き出してみた。そこから *IN MY LIFE* が生まれた。ポールは曲のサビを手伝ってくれた。

ジョージ・マーティンはきちんとした音楽のバックグランドがあり豊富な知識の持ち主だった。私たちの必要としていることをアドバイスしてくれた。ピアノの速回し、つながらない箇所の補作、*IN MY LIFE* のエリザベス朝みたいなピアノ・ソロなんかマーティンのおかげだった。共演する他の演奏家に対しても私たちが何を望んでいるのかを正確に指示してくれた。

最初の頃は指示された通りにレコーディングしていた。やがてテクニックを覚えて、*RUBBER SOUL* でレコーディング・スタジオのあらゆるテクニックを試してみた。スタジオの知識が増えるに従って音樂も進化していった。*RUBBER SOUL* の曲はすべてシラフでレコーディングした。マリファナやってるとまともなレコーディングは出来ない。LSD やりながらレコーディングしたことも一度もない。私はもともとレコーディングの方が好きだった。自在に機械が扱えるようになってからは、誰にも指図されないスタジオが一番好きな場所になった。

語り手 ―――――――――――――――― ポール・マッカートニー

闘牛場コンサート・スペイン、ヨーロッパ・ツアー

バルセロナのプラザ・デ・トロスという大きな闘牛場でコンサートがあった。バルセロナ市のお偉方が特等席に陣取り、その他も全部金持ちの客ばかりだった。私たちの演奏をほんとに聴きたがっていたファンの子たちは闘牛場の外にいた。頭にきて外にいるファンを中に入れてくれと言った。もちろん聞いてもらえなかった。

シェア・スタジアム、アメリカ・ツアー

シェア・スタジアムとかジャイアンツ・スタジアムの巨大な会場でロック・コンサートをするのは私たちが最初だった。私たちはそれだけの客を動員できた。こんなすごいコンサートをやっていることは嬉しかった。だが観客には演奏が聴こえてなかった。PA（public-address・音声拡声装置）も簡単なものだったから音声が外れていようがいまいが誰も気が付かなかった。自分たちの曲を陽気に演奏し、待機していたリムジンに大急ぎで乗り込んで帰った。それだけのことだった。私たちが騒音をかき鳴らし、観客が歓声をあげる。重要なのは私たちとファンが一体となって騒ぎまくったことだ。

エルヴィス

ロス滞在の最後にエルヴィスに会った。何年もチャンスをねらって

いた。エルヴィスそれにマネージャーのトム・パーカー大佐に会うのはちょっと怖かった。エルヴィスはベースを弾いていたが、ヒーローが“やー、みんな何か飲むかい”と言ってくれた。私もベースを弾かせてもらった。フレンドリーで少しシャイですばらしい人だった。けれど私が描いていたヒーローのイメージではなかった。お偉方の仲間になっていて、音楽活動も私たちの憧れのエルヴィスではなくなっていた。とはいえ、エルヴィスみたいな有名人と会うとかサンセット大通りを歩くとかいうことはリバプールでは夢みたいなことだった。

MBE 叙勲とエリザベス女王

MBE の授与式で一人だけ先方から話かけてきた。“きみたちの何処がいいのかわからないけど娘がサインを欲しがっているから”といっていた。英国空軍の長老たちの何人かが“長髪のバカ者どもが叙勲するとは MBE も落ちぶれたものだ”と思っていたようだが、たいていの人たちは輸出に貢献したイギリス大使みたいに思っていてくれた。私たちはイギリスのスーパー・セールスマンだったようだ。私は女王陛下について聞かれて“とても素敵な女性ですが、あまり語彙は多くないようですね”と応えた。1952 年にケニヤから戻って王位を継承し、君主として育てられたようだが、私たちは関心がなかった。

YESTERDAY

ある朝、目が覚めると頭の中でメロディーがなっていた。“こんな曲は知らんぞ”と思ったが、ほんとに知らないのかどうか自信がなかった。とにかく忘れないようにピアノでコードをひいてみた。それからいろんな友人に訊ねてみた。“この曲知ってるかい。夢に出てきたんだが、今までに聞いたことがあるかな。”歌手のアルマ・コーガンにも聞いたら“知らないけど、ぜひ歌ってみたい曲だわ”と言ってくれた。最初は歌詞がないから“スクランブル・エッグ”というふざ

けた名前を付けて “Scrambled eggs. oh my baby, ……” と歌っていた。私自身も大変気に入っていたので数週間かけて言葉を探そうと思った。そしてある日、*YESTERDAY* を思いついた。

スタジオで初めてこの曲を弾き語りした時、すぐにリンゴが “この曲にドラムは要らない” いった。ジョンとジョージも口を揃えて “ほかのギターもいらない” と言ってくれた。そうしたらジョージ・マーティンが “一人でやってみたらどうか” と提案した。“ソロ・レコードということ” と訊(き)いてみんなの顔をみたら、” そうだ、君以外にこの曲で出来ることは何もないよ、やってみろよ “ といってくれた。私の一番の成功作だけど、夢から生まれたという神秘的な誕生をした。だから曲作りでわかったような言い方はしないことにしている。運がよければ私みたいなことがあると言うことにしている。

新しいサウンド

当時の曲作りはウェイブリッジのジョンの家でやっていた。*A HARD DAY' S NIGHT*（ア・ハード・デイズ・ナイト）はジョンが中心だったが、*HELP* は一緒に考えた。私が曲の構成を手伝い、メロディにメリハリをつけた。完成した曲を階下にいたシンシア（ジョンの妻）とモーリーン・クリーブに聴かせたらとても気に入ってくれたので、それに決めた。

ジョンは間違った印象をみんなに持たれている。とてもいいヤツなのに悪ぶってしまう。自分のいい面をわざと隠そうとする。本当の姿を見せないで、いつもロックン・ローラーであろうとしていた。*NOWHERE MAN*（ノーウェア・マン）は朝５時までかけてジョンが書いた “He's real nowhere man” をスタジオに持ってきた。私もいくつか歌詞を加えたけどほとんど完成させて持ってきた。ジョンが “Nowhere land” と歌って “For nobody” と続けた。まさに共同作業だった。おかしなことだが、ジョンと私の意見が唯一合わなかったのが *IN MY LIFE* だった。確か、踊り場に置いてあったメトロンでメロディーをつけた。

それまでの60年代*PLEASE PLEASE ME*みたいな曲ばかりあふれていた時に*MITCHELL*（ミッシェル）を突然発表したからふざけていると思った人もいた。だが私の趣味には合っていた。私たちはどんどんサイケデリックでシュールな方向へ向かった。音楽的には自身の趣味とは全く異なっていたが、マーティンは熱心によく聞いてくれた。だが注文を沢山つけるので私たち各々とよくケンカになった。

12月に最後のイギリス・ツアーをした。ほとんど毎日公演をしていた。その1～2年後にはほとんどレコーディングに専念するようになった。レコーディング・スタジオで過ごす方が、ツアーに出るよりずっと楽しくなっていた。結局、有名になるということは、追いかけてくるファンから逃げるように車に乗ること、食事中にポニー・テールの中年女性から話しかけられることだった。世界中に知られているようだったけど、私たちにその実感はなかった。

語り手――――――――――――――――ジョージ・ハリスン

シェア・スタジアム、アメリカ・ツアー

ヘリコプターで会場のアリーナへ着陸予定だったが、ワールド・フェア・ビルの屋上に変更された。着陸直前パイロットは不意に上昇して球場の上をぐるぐる回りだした、“見ろよ、すごい光景だぜ”。そこからスタジアムまでは装甲トラックに乗せられた。私たちはシートにしがみつきながら、早くここから脱出しなければと考えていた。それに会場では出番まで地下室に閉じ込められていた。ロンドンでは、まだアストリア・シネマとかで演奏していた。だからシェア・スタジアムは超巨大な会場だった。このツアーのために30ワットから特注の100ワットのアンプが用意された。それでも屋内用のPA（public-address system）だったので音量は足りなかった。

MBE 叙勲・エリザベス女王

結局私たちは、大英帝国のために歌い、コーデュロイの服を流行らせたことだ。その代償に、古臭い革のメダルに木製の文字が埋め込まれた勲章をもらった。だが、受け取った時は“素敵なメダルですね”って言った。ジョンも“ああ、いいね”と言った。家に帰ったら引き出しにしまっておいた。その後、「サージャント・ペッパー」のアルバム・ジャケットを撮影するときに勲章をつけた。その後また引き出しにしまった。ポールもそうしていた。

新しいサウンド

当時のジョンは太って眼鏡をかけていた。眼鏡がなくても困らないように私たちがいつも一緒にクラブに行き椅子に座らせていた。眼鏡かけているとダサかったからね。ビートルズのイメージではなかった。確かに、私たちがラジオやテレビの番組に出演しているというだけで、他人の態度は変わってしまう。以前、よく行っていたクラブに一杯だけ飲もうと思って入ったら、みんなが次から次へとあいさつにやって来て息つく暇もなかった。スタジオで創作している時が一番解放されていると感じた。

ビートルズ時代、私の歌詞では自分のことを書かなかった。「タックスマン」がそうだった。頭に浮かんだ単語をそのまま並べていただけだった。LSD（薬物）が曲作りに役立つという人がいるが、体験して思ったのは意識の状態を変えるのにLSDを使うべきではないということだ。科学物質で意識を変えるのは、明らかに自己表現とは違うからね。時にはいい影響もあるかも知れないけれど、危険でもある。２～３回体験すれば、それ以上やっても意味ないんじゃないかと思う。創作には関係ないね。

第２スタジオ下の戸棚にありとあらゆる種類の楽器が置いてあった。手回しのウインド・マシン、風変わりなタンバリン、モロッコの太鼓、耳障りな卓上ピアノ、……まさに鳴り物の宝庫だった。レコードにいろんなサウンドを使ったのはこの戸棚のおかげだった。オーバー・ダブの時になると適当な楽器がないか戸棚を探しまくった。「ドント・バザー・ミー」に使った、おかしな音のするドラムなんかだった。そうして『ラバー・ソウル』が一番好きなアルバムになった。なにしろ突然全く新しいサウンドを創りだしたからだ。他のミュージシャンからの影響も大きかった。いろんなことが開花した時代で、私たちは成長の真っただ中にいた。

語り手――――――――――――――――――――リンゴ・スター

闘牛場・コンサート、ヨーロッパ・ツアー

マドリッドでは闘牛場で演奏した。場外の若者を警官が本気で殴りつけメチャクチャに暴力的だった。闘牛を観戦したが見ていて涙が出た。牛がだんだん弱っていき最後に殺される。両足をチェーンで吊るされ死骸を馬にひきづられていく。もう二度と見たくない。

シェア・スタジアム、アメリカ・ツアー

ビデオを見るとステージで私たちがどんなだったかわかる。巨大な会場で今までに経験したことのないコンサートだった。ジョンは興奮しすぎていて完全に狂っていた。ひじでピアノを叩いたりしてとにかくおかしかった。

シェア・スタジアムでは外野席でもどこでも観客で埋め尽くされていた。何万人もの前で演奏するのは私たちが初めてだったようだ。観

客も私たちも、ただ悲鳴を上げていただけの気がした。今なら観客の顔が見え反応がわかる会場で演奏したい。

MBE 叙勲・エリザベス女王

女王の前に出ると、“グループを結成したのはあなたですか”と訊かれたので“違います、私は最後に加わったメンバーです”って答えた。“そうですか、バンドを始めて何年ですか”と訊かれたので、ポールと私は“私たちは 40 年一緒にやっています。とても 1 日とは思えません”。女王はどういう顔をしたらいいか困っているみたいだった。笑いたかったか、とことん怒っていたか、どちらかだね。

家族はとても喜んでくれた。私らが叙勲したら何人かの兵士が叙勲を返上した。口の減らないロックン・ローラーが MBE を叙勲したのが気に入らなかったということだ。勲章をつけて出かけたことは一度もない。だからガラクタみたいに捨てたんだろうと思われていたようだ。ブライアンが叙勲しなかったのが気になっていた。だが私たちの叙勲を心から喜んでくれた。もし生きていて仕事を続けていたら、ナイト爵位くらいはもらったんではないかな。

ジョンは返したけど、私には返す理由がなかった。当時は誇りに思っていた。得したことはなかったが、女王にあえてよかったと思う。今では女王は誰とでも会うが、当時はすごいことだった。

エルヴィス

メチャクチャ大きいけど暗い家だった。私たちが部屋に入るとエルヴィスはテレビの向かいのソファでベースギターを弾いていた、まわりに仲間がたくさんいた。何か不思議な感じがした。“ハイ、エルヴィス”と声をかけた。シャイな男だった。互いに興奮していたが 5 人で楽しく過ごせた。

何年かして FBI と組んでエルヴィスがビートルズをアメリカから追

放しようと企んでいたことがわかってすごくショックだった。悲しかったのは私たちがアメリカの若者に悪影響を与えていると思っていたことだった。私から見ればエルヴィスのやり方の方がよほど危険だと思った。

エルヴィスの精神状態が悪くなっていったのは、へつらう連中はいても友人が誰ひとりとしていなかったからだ。私たちは 4 人の誰か一人が精神的に参ってしまうと、他の 3 人が助け出していた。私の頭がいかれてしまった時、3 人が私の顔を覗き込んで " モーシもし、だいじょうぶか " と問いかける。他の 3 人も時々こういう状態になってしまうことがあった。私たちの強さはそういう連帯にあった。

新しいサウンド

LSD は人間を全く変えてしまう。自分の感覚や感情が敏感になる。私の場合自然を身近に感じることが出来た。木はただの木ではなく生き物だと気が付いた。ものの考え方が変わって服装も変わった。だがビートルズの場合トリップしながらレコーディングするのは無理だった。その時は上出来だと思ってもあとで聴くと互いに顔を見合わせてもう一回やり直すしかないとなる。

NOWHERE MAN, *GIRL*, *NORWEGIAN WOOD* が新たな旅立ちの曲になった。ミステリアスで美しいサウンドに挑戦した。いろんな影響が反映されるようになって歌詞も初期の頃とは違ってきた。

ビートルズにつくウェイターが一人だけということはなかった。顔を見ようとしてレストラン中が入れ替わり立ち代わりテーブルにやって来る。ビートルズは公演期間中ずっと記者やインタビュアーたちに追い掛け回されている。気が休まる時がなく、滞在先のホテルで退屈しのぎをしているだけだ。ミュージシャンとして堕落するだけじゃないのか。1965 年が終わる頃のツアー中に話し合った。このまま続けることに否定的になった。

付説・作品点描

生活感　内省　失恋

有名になった。かつて渇望したものを手にしたはずだった。だが、それは過密日程、ノルマ、騒音と絶叫の嵐だった。*HELP* で有名になってからの生活実感、*YESTERDAY* で下積み時代の希望と情熱が失われ、*TICKRT TO RIDE* で憧れと身動きの取れない現実との落差を表現した。

HELP　　　つらい毎日

John Lennon and Paul McCartney

（レコーディング：1965 年 4 月、英国発売：1965 年 7 月、米国発売：1965 年 7 月）

誰か助けてくれ
とにかく助けてほしい
助けてくれ誰か
わかってくれ

ずーっと昔
まだまだ若かったころ
誰の助けもいらなかった
昔のことになった
自分に迷っている
昔の自分ではない
今の自分に気づいた

誰かいてくれないだろうか
落ち込んだ自分に
いてくれる誰かに感謝したい

静かな元の私に戻してほしい
私の心を落ち着かせてほし

いろんなことで自分は変わりすぎた

一人で生きていける自分ではなくなった
ずっと以前から自分をなくしている
君が頼りだ
以前の自分ではないんだ

君が頼りだ
助けがほしい
地獄に仏がほしい
私の心を落ち着かせてほしい
もとの私にかえりたい

ずーっと昔
まだまだ若かったころ
誰の助けもいらなかった
昔のことになった
自分に迷っている
昔の自分ではない
今の自分に気づいた

誰かいてくれないだろうか
落ち込んだ自分に
いてくれる誰かに感謝したい
私の心を落ち着かせほしい
もとの私にかえりたい
たのむ　助けてくれ

YESTERDAY　　　*昨日と今日*

John Lennon and Paul McCartney

（レコーディング：1965 年 6 月、英国発売：1965 年 8 月、米国発売：1965 年 9 月）

昨日まで悲しみを知らなかった
昨日が全くの嘘だったのか
昨日のままでいたい

昨日の私は今日の私ではない
昨日の私は影になってしまった
どうして突然入れ替わったんだ

どうして彼女は去っていったんだ
何も言おうとしない
私は何を言ってしまったのだろう
昨日にかえりたい
昨日の彼女と私は楽しくゲームをしていた
この悲しみを消し去りたい
昨日の彼女と私でいたい

TICKET TO RIDE　　　*彼女と乗車券*

John Lennon and Paul McCartney

（レコーディング：1965 年 2 月、英国発売：1965 年 4 月、米国発売：1965 年 4 月）

今日は涙の日になる
私を夢中にさせた彼女は去っていく

彼女は乗車券を買った
乗車券を手にしている
去っていくための切符だ

それも平然として

彼女は私といると落ち込むといった
身動きが取れないという

彼女は乗車券を買った
乗車券を手にしている
去っていくための切符だ
それも平然として
晴れやかな表情で乗車しようとしている、何故だ

考え直してくれないだろうか
私のために考え直してほしい
さようならをいう前に
もう一度考え直してくれないだろうか
私のために考えなおしてほしい

今日は涙の日になる
私を夢中にさせた彼女は去っていく
もう乗車券を買ってしまった
乗車券を手にしている
去っていくための切符だ
それも平然として

晴れやかな表情で乗車しようとしている、何故だ
考え直してくれないだろうか
私のために考え直してほしい
さようならをいう前に
もう一度考え直してくれないだろうか
私のために考え直してほしい

彼女は私といると落ち込むという

身動きが取れないという
もう切符を買ってしまった
乗車券を手にしている
去っていくための切符だ
それも平然として

全く気にしていない

第6章

東京　受難マニラ・アメリカ
——ツアーに疑問

"キャンドル・スティック・パーク公演で曲の変わり目に観客に背を向けて４人の写真を撮った。これが最後のツアーだ"

ジョージ・ハリスン

語り手————————————————ニール・アスピノール

1966年のビートルズ

初めの数か月は仕事オフにした。ジョンは３月４日にロンドン・イブニング・スタンダード紙のモーリーン・クリーブ記者のインタビューを受け、現在のキリスト教の問題点をビートルズと比較しながら所見を述べた。４月はアルバム「*REVOLVER*」（リボルバー）のレコーディングに費やし、５月はウエンブリーでコンサートを開き結局イギリスでの最後の公演となった。６月に入って「*REVOLVER*」のレコーディングを続け、下旬から７月にかけて西ドイツ、日本、フィリピンへのツアーを行い帰途インドに立ち寄った。７月29日アメリカでジョンの上掲紙とのインタビューの一部が印刷され意図的に流布された。８月に入ってキリストに関する発言が不敬であるとして、南部のバイブル・ベルト（聖書地帯）を中心に反ビートルズ騒動が広まった。

その最中であったが8月12日から31日まで3回目で最後になったアメリカ・ツアーが強行された。ツアーに際してジョンのキリストに関する発言の公式謝罪が行われた。9月、10月とジョンは映画 *How I Won the War*（ハウ・アイ・ウォン・ザ・ワー）の撮影に没頭し、ジョージはインドへシタールの修行へ行き、ポールとリンゴは休暇をとった。11月下旬、*STRAWBERRY FIELDS FOREVER*（ストローベリー・フィールズ・フォーエバー）のレコーディングが行われた。同月、ジョンは作品展示会でヨーコ・オノと出会った。12月には *SGT. PEPPER'S LONELY HEART CLUB BAND*（サージャント・ペパーズ・ロンリー・ハート・クラブ・バンド）（*Sgt. Papper's*）のレコーディングが行われた。

1960年代

ビートルズはデビュー当時から流行に敏感なオーディエンスにアピールしていた。自身が敏感だったからだ。バンドとして、ミュージシャンとして、アーティストとして、誰よりもマネージャーのブライアン自身がビートルズを尊敬しファンだった。襟なしジャケット、太いヒールのブーツ、ビートルズ・カットを流行させ、以降もビートルズは影響力があった。

東京

武道館公演は少し事情があったようだ。日本の武道家たちは自分たちの使う神聖な場所だと思っていた。それをタテに脅迫状が来たらしい。それで日本人はすごく統制がとれているというか、3千人の警察官が1万人の観客とビートルズに何事もないようにと配置されていた。4人にはホテルと公演会場の往復以外は許されなかった。だが私たちは機会をうかがった。同じく脱出を試みたポールとマルは10分間タクシーに乗って皇居見物に行ったが5分で警察に見つけられた。ジョンと私は脱出に成功して最高に面白かった。東京の街をいろいろ見て廻り商店街で買い物をした。ほんと、外に出られて生き返った。

マニラ受難

到着した空港に軍隊は配置されていた。にも拘わらず、半袖シャツでズボンのポケットに銃を入れた人相の悪いヤツらがビートルズを小型バスに押し込み連れ去った。小間物を入れたブリーフ・ケースが滑走路に放置された。取り残されたブリーフ・ケース（マリファナが入っていた）を私たちの乗る予定だったリムジンのトランクへ押し込み乗り込んだ。そして“ビートルズを連れて行った所へ私も連れて行け”と怒鳴った。結局はビートルズと合流したが受難の始まりだった。

ツアーに嫌気

インドにいるときに4人から1967年はツアーをやらないかもしれないと聞かされた。マニラがきっかけになったようだった。ビートルズは自分たちだけでツアーをやめようと話し合っていたんだろう。ライブがなくなればもっとレコードを作れることになると思っていたようだった。

問題の発端となったジョンの発言

> “キリスト教はなくなるよ。いつか衰えていって消えるだろう。そんなことあれこれ論ずる必要もない。僕の言ってることは正しいし、いつか正しいことが証明されるはずだ。今の僕らはキリストより人気がある。ロックン・ロールとキリスト教徒、どっちが先にすたれるかはわからないけど。キリストそのものには問題がなかった、でも彼の弟子たちが頭の悪い凡人だったんだよ。僕に云わせれば、彼らがキリスト教をねじ曲げて堕落させたんだ。”

アメリカ受難

アメリカ人があの発言に腹を立てているんで、ブライアンはジョンに本当に言おうとしたことを説明させ、こんな騒ぎを起こしたことを後悔している旨の声明文を録音させた。ツアー前にアメリカに行って記者会見で謝罪しアメリカ公演にキャンセルがあれば受け入れるとした。しかし手を挙げたプロモーターはいなかった。アメリカ・ツアーは前年の繰り返しだった。3度目はありふれて退屈さを感じさせた。2度目のシェア・スタジアムも前の年より少し客が減った。ワシントンのコンサートではKKK（Ku Klux Klan・アメリカ南部の白人至上主義秘密結社）の6人の男がプラカードを持って歩いていたくらいでたいしたことはなかったがメンフィスでの殺人予告は恐ろしかった。

マニラとアメリカの騒ぎで、みんなツアーに嫌気がさしていた。特にキリスト騒ぎは棺に打ち込まれた最後の釘の一本だったかも知れない。以降のツアーは企画されなかった。

作風の転換

とにかくスタジオに入ってレコーディングを始める。アルバムのタイトルやジャケットはそのあとだった。レコーディングのパターンはだんだん変わってきていた。セッションは午後2～3時ころから始まって、何時だろうが終わるまで続いた。その日新しい曲があれば、それを書いた人間がセッションの始めにギターかピアノで周りに聴かせる。その頃、メンバーは気にしない振りをしていたが自分たちの作品に関する評論家の意見に耳を傾けていた。

語り手――――――――――――ジョージ・マーティン

東京

東京公演を前にしてジョージに“来月まで生かしては置かない”という手紙が来た。それで日本に行ったらすごい厳重な警備でビートルズはどこへも行けなかった。日本人はそういう脅迫をすごく深刻に受け止める。

マニラ受難

あの国（フィリピン）を出ると4人は“もう二度とツアーはやらない。これっきりだ”と言った。するとブライアンが“悪いがみんなシェア・スタジアム（ニューヨーク）で何かやらないといけないんだ。キャンセルすると百万ドル失うことになる……”。それで仕方なくアメリカでコンサート・ツアーを繰り返すということになった。

アメリカ受難

ジョンの発言がアメリカで取り上げられると、あちこちのラジオ局で話題になり、どんどん膨らんでいった。“何様のつもりだ。自分たちとキリストを比べるなんて”とレコードが公共の場で焼かれラジオ局からも締め出された。途方もない状況になってしまった。ブライアンはジョンを説き伏せ記者会見で謝罪させることにした。不思議だが、2度目のシェア・スタジアム・コンサートは約1万1千枚が売れ残った。かなり落ち着かない時期だった。そういう背景もあり4人は“いいさ、もうこれ以上やらない”、“休みを取ってスタジオに入ってレコードを作るんだ”と言った。

作風の転換

その頃、スタジオで私も含めてどんどんアイデアを出すようになってきた。アメリカのレコードをたくさん聞いていろんな音を取りいれようとし、4人はラディカルなことをやろうと持ちかけてきた。*REVOLVER*で見事な効果を上げたし、*PAPER BACK WRITER*（ペーパー・バック・ライター）は初期の作品よりheavyな作品になっている。ボーカルもいいしリズムが構成の中で最も重要な要素になっている。当時はポールが一番アヴァンギャルドな方向性を持っていたがジョンの方はウェイブリッジの自宅で快適な郊外暮らしをしていた。例えば、ポールが自宅のテープレコーダーで実験を始めたらジョージやリンゴも始めた。そうした傾向に乗った*TOMORROW NEVER KNOWS*（ツモロー・ネバー・ノウズ）は革新的な試みだった。ジョンはすごく不気味なこの世のものじゃないような感じにしたいと言っていた。オリジナルのバージョンではタンブーラの単調な音と、リンゴのすごく特徴のあるドラムのみでやった。ジョンはいろんなスピード、早回し、逆回転を試みていた。丘の上でダライ・ラマが経文をとなえ何千人もの僧侶の歌声がバックで聴こえるようにしたいと言っていたが、本当にやると金がかかりすぎるので、私はスタジオでやってみないかといった。遠くの声はエンジニアのジェフ・エメリックが考えてくれ、artificial double trucking（ADF）で音像をわずかに遅らせたり速めたりたりして、ふたつの音のズレや重なりを利用して効果が得られた。様々な実験や試みが絡み合って効果を得はじめていた。その中でもジョンは提案した*STRAWBERRY FIELDS FOREVER*（ストローベリー・フィールズ・フォーエヴァー）を初日にアコースティク・ギター１本で歌って聞かせてくれた。これがとてつもなくすばらしかった。誰よりも先にジョンのソロを聴けた。レコード制作者として最高の特権だった。

ジョンの発言に関する、ブライアン・エプスタインの声明

「3か月以上前、ジョン・レノンがロンドンのコラムニストに語ったことが、前後関係をまったく無視した形で引用され、誤解を招いています。レノンは宗教に深い興味を持つ人間であり、この取材の時も真剣に話をしていました。相手のモーリン・クリーブはビートルズの友人であり、『ロンドン・イブニング・スタンダード』紙の記者であります。

彼が実際に述べたこと、そして彼の真意とは、この50年間でイギリスの教会が勢力をなくし、それによってキリストの力も失墜してしまった、その現状に驚いているということです。ビートルズは有名だと吹聴する気などありませんでした。彼はただ、一部の若い世代に対しては、ビートルズの方が直接的な影響力を持つように思える、それを指摘しようとしたのです。」

語り手 ―――――――――――――― ジョン・レノン

1960年代

60年代は若者に革命が起きた時代だった。考え方全体における革命であり、正確には進化と云うべきだろう。60年代という船に乗っていてビートルズはマストのてっぺんに登っていたんだ。“こっちは雨”とか“岸が見えた！”とか言ってただけなんだ。“太陽が出た！”とか“カモメがいるぞ！”とか。自分たちに起きていたことを報告してただけだ。音楽はその時代を引っ張るのではなく、時代を映す鏡だ。ビートルズの歌うものは自分たちの生きてきた背景、考え方が反映されている。もっともこれは誰もがやっていることだが。

私たちが若者のヘア・スタイルを変えたと云われるが、私たちも誰かに影響されたんだ。私たちは 60 年代の一部だった。すべて自然に起きたことだった。ストリートに起こっているものの代表としてビートルズやストーンズが選ばれたということだろう。

東京

もちろん、武道館と赤坂のホテルと往復の行程だけで大人しくしているつもりはなかった。チェック・アウトの時間帯は外国人の出入りでざわついていた。警官も主にホテルの来訪者に注意を向けていた。
３日目の朝、10 人位の外国人グループの後について街に出た。タクシーで原宿まで行ったら赤と緑の外装の「外国人」向けの東洋美術品の店があるとニールが聞いていた。だがその２～３軒隣に地味だが店先から奥の古書や水墨画が見える古美術店に入った。店主は 40 才前後で英語が堪能だった。私とニールを、この辺りで書画・骨董を探して歩いている外国人と見ていたようだ。私も多少質問したが親切に教えてくれた。風景の水墨画、古書の「般若心経」、香と香炉その他を買って更に明治神宮方向へ散策を続けた。まだ人通りはそれほどでもなく朝の気配が残っていた。落ち着いて清潔な街並みだった。だが、やはり何人かがヒソヒソ話をしながらこちらを見始めていた。周りにそういう人たちがかなりの勢いで増えてきた。遂にはほとんど回り全員が私とニールを見ているような気がした。ニールと顔を見合わせてかなり焦ってタクシーをつかまえてホテルに帰った。わずか 1 時間余りだったんだが束の間の解放と Tokyo, Japan を実感することが出来た。
（ジョンは東京についてコメントしていないので資料に基づき著者が創作した）

マニラ受難

大至急ホテルを引き払った。空港までの沿道で手を振ってくれる人もいたが年配の何人かがやじっていた。空港で大声を出しながら突進してくるものがいたので、尼さん三人と修道僧二人がいる方へ逃げた。そうすれば助かるんじゃないかと思った。蹴っ飛ばされはしなかったが、ずいぶん小突かれた。ブライアンの大失敗だ。大統領夫人からの招待を断ったことをきちんと私たちに伝えなかったからだ。私たちが辞退したから空港で嫌がらせをされたんだ。荷物も運んでくれなかったし、恐ろしかった。

とにかく、二度と狂った場所へは行きたくない。フィリピンの上空を通過するのも嫌だ。

アメリカ受難

アメリカで問題になった記事について喋(しゃべ)れば殺されると思った。行きたくなかったし喋りたくなかった。人は撃ち殺した後で、そこまですることはなかったと気が付く。死ぬほど恐ろしかった。行きたくなかったがブライアンとポールやメンバーが行こうとせっつくから行った。今の若者が追っかけているのはキリストじゃなくてビートルズだという事実を言っただけだ。当の私でも記事の中身は忘れていた。それだけとるに足らないことだった。ビートルズはキリストより人気があるとたんなる事実を言っただけだ。私は愛とか善とかキリストの言ったことを信じている。キリストに権力があるというのならそんなものは要らないと言いたかっただけだ。もし皆がキリスト、もしくは他の神様であっても、その神様の言ったことに、もっと関心を持てば私たちは神の国に行けるはずだ。教会が必要な人は行くべきだ。だが教会が自分の頭の中にあるとわかっている人は、その聖堂を訪ねればいいんだ。そこが源なんだ。私たちはみんなが神なんだ、そして悪魔の可能性もある。しっかり見ようとすれば見えてくるはずだ。
イギリスでは誰ひとり気にしちゃいなかった。馬鹿なこと言ってるヤツだな。誰こいつは。くらいの受けとめかただった。ところがアメリカでは、どこかの頭のイカレタ者たちがクランの頭巾をかぶり火のついた十字架をもってかけ廻り始める。南部（メンフィス）でステージにいる晩に誰かが爆竹を鳴らした。射殺するという強迫もあったし、外ではKKKと一緒になってクールカットの若者たちがビートルズのレコードを焼いていた、多分映像に残っていると思うが、お互い顔を見合わせた。それぞれメンバーの誰かが撃たれたんじゃないかと思った。そこまでひどい状況だった。
悪い知らせとなれば死者は撃ち殺され、実際のことばは聴いてもらえない。キリスト教、イスラム教、仏教、マルクス主義、毛沢東主義でも、どんな世界でも同じだ。みんなその人間ばかり気にしてほんとに言ったことなんか聞いちゃいない。“テレビはキリストより人気がある”と言ったら何も言われずに済んだかも知れない。“ビートルズ”と言う言葉を自分とは離れた存在として使った。若者に対する影響をとらえて言ったつもりだ。あんな騒ぎを起こしたことは申し訳ないと思っている。言おうとしたのはキリスト教は衰えつつあり現代の状況を見失っているのではないかということだった。

ツアーはやめた

いつも一番長いのはアメリカ・ツアーだ。3週間、忙しく、何があったか分からないまま終わってしまう。わけのわからないままイギリスへ戻ってくる。ビートルズは15分しかステージをやらないと有名だった。自分たちの出している音なんかまるで聴こえなかった。音楽なんかまるで聴こえない。私たち4人の蝋人形が置いてあったとしても、ファンは満足したと思う。音楽とはまるで関係ない。もちろん無限の辛抱強さは持ち合わせていない、4人の明るい若者たちだけではやっていけない、歌もまともに歌わせてもらえないんだから、うまくなることもないし。これからは何か違うことをやらなければならない。生で見られない人には申し訳ない。どうせ音は聴こえないだが、それでも楽しんでくれたんだから、申し訳ないと思う。ビートルズそのものが音楽よりも見世物だった。そういうのがつまらなくなってきて私たちはツアーをやめた。

ヨーコ

ヨーコはディストラクション・イン・アート・シンポジウムというアーティスト・グループの招きでロンドンに来ていた。知り合いがやっているギャラリーに行くと何本か釘の刺さったプラスティックの箱とかリンゴのおかれた台がありアップルと文字が添えてあった。このジョークがおもしろいと思った。それから会場に置いてある梯子（はしご）のてっぺんに登ると、くくってあったオペラグラスに“イエス”とだけ書いてあった。前衛芸術と呼ばれるものは、アンチ……、反芸術、反体制とかばかりを連想させるものばかりだったから“イエス”のひとことでもう少しの時間ギャラリーにとどまる気になった。それからオープンを翌日に控えた作品に関してヨーコと視線を交わしながら談笑した。もっとも本当にヨーコつき合うようになったのは、それから１年半か２年経ってからだった。

作風の転換

ビートルズがツアーをやめたあと、やることが見つからなかった。ビートルズが終わったら自分は何をやるかばかり考えていた。そんな折にジョージがシタールの修行でインドへ出かけた。インド音楽は数千年の歴史を持っている。そのインドへ行ってイギリスがあれこれ指図していたとはお笑いだ。私たちは東方に何かを感じた。チベットやラマ教という言葉に説明の出来ない何かを受けとめた。それで*TOMORROW NEVER KNOWS*にとりかかった。何千人もの僧侶の歌声がバックで聴ける。実際には、無論無理だけど、それがいいね。私たちはスタジオでのノウハウを身につけた。

語り手――――――――――――――――ポール・マッカートニー

1960年代

ビートルズの出現とファッションや文化とは切り離せないだろう。すべて同時に渦巻みたいに起こった。ビートルズはビートルズだから招かれる。ビートルズのファション・着ている物のおかげではない。しばらくは最高の時期が続いた。時代や状況が違えば会えるはずのない人たちにひき合わせてもらった。いろんな人種、アメリカ人、イギリス人、あらゆる国籍が混ざり合っていた。

東京

ホテルに閉じ込められて、その間、いろんな業者が来て民芸品やら何やらいろんな土産物を見せてくれた。みんな東京へショッピングに出かけるのに、私たちは外に出られない。一度ホテルから抜け出した。すぐに警察官に見つかり連れ戻された。皇居を見に行きたいと言ったが警察に断られたのでマルと二人でホテルを抜け出しタクシーで皇居まで行った。追尾の気配はあったがかまわず行った。日本のバッキンガム宮殿は森と水に囲まれた閑静で奥行の深さが保たれかつ威厳が感じられた。二重橋のたもとに警官の監視所があったが別に気に留めることもなく通り過ぎた。だが2mを超す巨漢のマルが目立ったんだろうと思う。5分でお巡りさんがやって来た。

ギグ会場へ行くまでの段取りが、日本人はすごく組織だっていた。全員が無線を持っていた。当時はああいう光景を見たことがなかった。

ぴったりと予定通りの時間に私たちを迎えにきた。車での往復は座席位置もキッチリと決めてあった。会場では警官がどの角にもいてファンをきちんと並ばせていた。沿道のファンが道路からはみ出すこともなく、手を振っていい場所、声をあげてもいい場所が決められていた。私たちが道路を進んでいくと“キャー”という叫び声が聞こえて数百ヤード行くと、また“キャー”と叫び声が繰り返された。驚くべき効率性で、イギリスでは体験したことがなかった。

支度を済ませてステージ裏から会場が埋まっていくのを見ていた。両脇から警官が入って来て、１階も２階も最前列にびっしり並んだ。その後で観客の入場が許された。それまで見慣れていた西洋の客と比べると、すごく行儀がよかった。それでも楽しんでくれているようだった。今じゃ日本人はすっかり理解しているが、当時はまだロックン・ロールをよくわかっていなかった。前座におもしろい日本のグループが出ていた。そのグループは“ハロー、ビートルズ！　ウェルカム、ビートルズ！”とかいう歌を歌っていた。ロックン・ロール的にはかなりダサいけど、嬉しかった。

マニラ受難

朝一人でマニラの“ウォール街”的な地区まで行ってみた。するとすぐ隣の地区が貧民街だったので何枚も写真を撮った。“ウォール街”の目の前に段ボールの家みたいなのが並んでいた。あそこまで対照的なのは見たことがなかった。貧民街で土産に何枚か絵を買い、ぼつぼつランチにしようと思ってホテルに帰った。その頃ビートルズのみんなは起きていた。周りの人たちが騒ぎ出した。“何やってるんだ、もう大統領官邸にいってなければいかんだろう”とプロモーターやホテルの幹部たちが私たちを怒鳴りつけた。“何言ってるんだ、私たちは今日はオフだ”とはっきりと言い返した。国によってそれぞれやり方が違うことは心得ていた。それでも連中はドアをどんどん叩き始めた。私たちはドアに鍵をかけた。私たちには見慣れないレースの飾りのついたワイシャツを着たプロモーター達が陰険に見えたし、実際何人かは銃を持っていた。
　あとで知ったんだが大統領夫人イメルダ・マルコスが私たちを招待していた。私たちはその申し出をお断りしていた。丁重にお断りしたつもりだったが、その時テレビでは当地で有名なアナウンサーのリチャード・ディンブルが“ファースト・レディがお待ちかねです。まもなく、あの有名なポップ・グループがここに姿を見せるはずです”言っていた。それを聞いて私たちは“ええっ、誰も断ってないのか！”と更にびっくりした。プロモーターは“さあ、もう行くんだ。リムジンで行けばいいんだ。”としつこく迫ってきた。だが私たちは“行くつもりはありません”と念を入れてお断りし、その日は終日テレビを消してオフを過ごした。翌朝、新聞一面に大きな字で“ビートルズ、大統領夫人にヒジ鉄”と書いてあった。もちろん、そういうつもりはなかった。“連絡はしていたんですが、すいませんでしたという以外にはなかった。その次の朝、マニラを発つ予定だった。まるで私たちが部屋代を払ってないかのようにフロントは雰囲気が悪かった。ケンカするような感じで出て行った。
　空港ビルへ当着してもポーターらしき人がいない。エスカレーターが止まっていた。自前で運べということだった。だから歩いて上がった。そういうことだからさっさとサヨウナラする以外になかった。空港ビルの外側でタクシー運転手たちがズラっと並んで私たちを怒鳴りつけガラスの壁を叩き始めた。大統領夫人の招待を断った仕返しだったんだろう。すごく恐かった。空港フロアの隅に尼僧のグループがいた。私たちは搭乗まで尼僧のグループにくっついて行動した。彼女たちは困った顔をしていたが私たちはその後ろにまわった。
　なんとか機内に入ると聖域にたどりついたような気分だった。ところが機内アナウンスがあり、マネージャーのトニー・バーロウが呼び返された。用件は目の飛び出るような“マニラ式出国税”の取立てだった。金額を聞いたら、このツアーで稼いだ額と同じだった。ああ、そういうことかと思った。散々なツアーだったけど、よかったこともある。大統領と夫人が国民に対して何をしていたかということがわかった。政治的な意味は何年か経ってからわかったのだがすべて暴利を得るためだった。たてついた人間は私たちが初めてだったかもしれない。

アメリカ受難

ジョンはロンドン・イブニング・スタンダード紙のモーリーン・クリーブ記者が質の高い記事を書くことをよく知っていた。私たちは彼女に何でも話したし、それで問題になったことはなかった。私たちはロックン・ロール以外にも、宗教にも興味を持っていたし、若者の代表と云う見方もされていた。インタビューが宗教にふれた時、ジョンはみんながはっきり感じていること話した。当時、英国国教会も信者の減少を公表し苦慮していた。私たちのコンサートにはカトリックの司祭も来ていた。楽屋でも教えを広めようとする努力が足りないのではないか、例えば使い古しの聖歌ばかりではなく、もっと活気のあるゴスペルを取り入れたらどうか、などを議論していた。ジョンが思ったままを話したのが問題になったんだろう。アメリカ・ツアーの前に4人で話し合った。あんなにピリピリしているジョンを見たのは初めてだった。実際には教会を支持していることを全員で確認した。ジョンは重大さを理解しアメリカに到着して記者会見した。会見場は「不信を解く答え」として受け取ってくれた。但しバイブル・ベルトは別だった。南部のバイブル・ベルトで、11才か12才くらいの男の子が私たちの乗っているバスの窓を夢中になって叩いていた。これがバイブル・ベルトでは常態だったから特によく覚えている。私たちは反キリストだということにされた。マニラでの脅迫に加えて、アメリカでの受難でツアーに疑問を感じ始めた。

作風の転換

ポップ・ソングだけに目を向けず、いろんなアーティストとつきあうようになっていた。異種交配みたいなことが起こり始めていた。ジョンがロンドンに戻ってきて、あっちこっちのギャラリーへ顔を出すようになったのはヨーコと付き合うようになってからだ。ツアーをやっていて音楽の質は落ちたが、バンド活動に関しては否定的にはならなかった。レコーディングに入れば全員が夢中になれるんじゃないかと意見が一致した。自分たちの音楽的能力に不安はなかった。

ジョージ・マーティンは最初、神様の様な存在だった。そのうち打ち解けて来てコントロール・ルームに入れてくれて機材の操作なんかを教えてくれるようになった。ツアーから解放されたからすぐに新しい曲作りに取り掛かった。*STRAWBERRY FIELDS FOREVER* はジョンが作ってきた曲で、リバプールの彼の家の近くにあった孤児院を歌ったものだった。私たちの曲はシュールになりつつあった。*ELEANOR RIGBY*（エリナー・リグビー）を書いたのはロンドンに住んでいた時だった。結婚式が終わったあとで、まかれた米粒を誰かが拾う。これが " 寂しい人々 " という方向に強く引っ張られた。私はエリナー・リグビーという名前を自分で考えついたと思っていた。ところがブリストルの波止場あたりをうろついていた頃の店の名前にあったし、ジョンとよく遊んでいた墓地にエリナー・リグビーという人の墓があった。しかもその右を数ヤード行けばマッケンジーという人の墓もあった。無意識に記憶していて深層心理が働き創作の時に表出したとのだ思う。*PENNY LANE*（ペニー・レイン）はちょっとシュールだが、*STRAWBERRY FIELDS FOREVER* よりはクリアに感じだ。ビーチ・ボーイズの影響があったかもしれない。

語り手―――――――――――――――――ジョージ・ハリスン

1960年代

私たちが戦争にいってない世代ということが大きい。1960年代はいい時代だった。少なくともイギリスではそうだった。未来に希望を持ち、ビクトリア朝の堅苦しい考えや貧しさからも抜け出そうとしていた。そういう世代は私たちが初めてだった。リトル・リチャードやエルヴィスのような音楽も聴けた。そしてベトナム戦争とぶつかった。世間知らずのビートルズやっているだけが能じゃないとわかって来た。ビートルマニアのためで歩くのがやっかいになった。代わりにちょっとしたフィルムを自分たちで作ってテレビ局に使ってもらうことになった。

東京

オーディエンスは立ち上がろうとはした。だが会場いたるところに警官がいて規制が厳しく私たちに思い通りの反応を示すことが許されなかった。ファンが暖かく受け止めてくれていたことはわかったけど、少し傍観者的だったね。日本は今もそうだけど。ホテルに戻るのは、来る時の手順をそっくり逆さまにしただけだった。まるで軍事演習だった。

マニラ受難

ショービズ界では有名だったから私たちへはアメリカでも、スウェーデンでもドイツでも扱いは丁重だった。マニラについたら空港の一番奥に着陸して、そのまま税関を素通りしてコンサート会場に向かう予定だった。ところが 小柄だがゴリラのような男が脅すように“そのバッグを置け、この車に乗れ”と全くの礼儀知らずの扱いだった。車に乗るとその男が乗り込んできて、ニールとバッグは滑走路に放置された。飛行機を降りた瞬間からすごく嫌な空気が漂っていた。マニラ港に連れて行かれモーター付きヨットの一室に閉じ込められた。キャビンの周りは銃を持った警察官が取り囲んでいた。フィリピンへ来なければよかった。日程から飛ばすべきだった。

どうしてボートに連れて行かれたのかいまだにわからない。1～2時間してブライアンとフィリピン人のプロモーターたちが怒鳴り合いながらやって来た。それでボートから降ろされ車に乗せられ公演会場に送られた。コンサートでまた問題が発生した。ブライアンは数千人規模のスタジアムを押さえていた。だが会場へ行ってみたらモントレー・ポップ・フェスティバルかと思った。20万人くらい入っていたんじゃないかな。プロモーターはこれで余分に儲けるつもりだったんだと私たちは直感した。ホテルに着いた時はクタクタで、時差ボケもあり、ぐったりしていた。その後のことはあまり覚えていない。

翌朝、ドアを叩く音で起こされ新聞が届き、テレビも見て仰天した。「大統領夫人にヒジ鉄」という特大の見出しだった。外はすごい騒ぎになっていた。誰かが部屋に入って来て“テレビをつけてみろ”と怒鳴った。コメンテーターがしゃべっていた“まだ現れません。ビートルズはもう到着するはずですが。”私たちは呆然としてビートルズを待つ大統領夫人をテレビで見ているしかなかった。

空港でアンプやスーツケースを私たち皆で運んだ。誰ひとり何も手伝ってくれなかった。一方ではファンが私たちを取り囲んでいた。その中で昨日、飛行機を降りた直後から私たちを怒鳴りつけてきた半袖のごろつきたちがまた姿を現した。スタッフの一人がそいつらに殴られた。何人かの仏教徒がいたので必死になって彼らのあとにつづき行動を共にした。

ようやくフライトのアナウンスがあり飛行機に搭乗した。すばらしい気分だった。ところが飛行機が飛ばない。やがてアナウンスがあった。“ミスター・エプスタイン、ミスター・エヴァンス（マル）、ミスター・バーロウ（当時のプレス担当）……飛行機をお降り下さい。”3人とも降ろされてしまった。不安で青ざめていた。座っている時間が何時間にも思えた。実際には30分か1時間だったんだろうけど、とにかく蒸し暑かった。ついにみんなが戻ってきてドアが閉められ飛行機が離陸した。私たちがコンサートで得たお金は全部持って行かれたそうだ。でもマニラを出られただけよかった。

アメリカ受難、最後のコンサート

あのディスク・ジョッキーの使った“キリストよりビッグだ”発言はもちろん、アメリカで広められたような意味ではなかった。彼らは前後関係にお構いなく、一か所を自分たち流に言い換えて話を膨らませた。騒ぎを起こした張本人が映っている映像がある。“ビートルズのゴミを持ってきてくれ、アメリカ中で燃やそう”だった。南部では鬼の首をとったような騒ぎだった。特にバイブル・ベルトがすごかった。KKKまで出てきた。“ビートルズを殺す”。

それでなくてもストレスがたまって来ていたし、危ない目に遭うんなら南部のメンフィスは行くまいという意見がでた。結局コンサートはやったんだけど、KKKがスタジアムの外までやって来た。だがファンに追い払われてしまった。会場まで行けばいつも通りのコンサートがやれた。最後の会場のキャンドル・スティック・パークの公演で曲の変わり目に少しの間をとって客に背を向け、アンプの上にカメラを置いて4人の写真を撮った。もう二度とこういうことはない。これが最後のコンサートだ。

作風の転換

私はインドから10月末にイギリスへ帰ってきた。みんなでいつ集まるかを決めていた。スタジオに入り *STRAWBERRY FIELDS FOREVER*

をレコーディングした。バンド全体に深みが出てきていた。No.1 レコードを連作したこともあり、ジョージ・マーティンもEMIの人たちも私たちと打ち解けスタジオでの多くの作業を任せてくれるようになった。

語り手 ―――――――――――――――― リンゴ・スター

1960年代

1960年代は私にとって最高の時代だ。レコードは1970年代よりあとのものはまず聴かない。だが義父にとっては40年代が一番で私たちビートルズを含めてグレン・ミラーを超えるものは無いようだった。

東京

東京で面白かったのは時間配分だった。日本人は時間をものすごく大切にしていた。私たちが部屋を出るのが7時14分、エレベーターの前に15分30秒、エレベーターから車に乗り込むまで1分と8秒という具合。ところが彼らがドアをノックしても私たちは絶対出ない。時間配分が狂ってくるので、いら立ってくるのがわかる。迷惑をかけているのはわかってた。なにしろギグの時しかホテルからでられなかった。だから会場に向かう途中ちょっとしたわき道に逸(そ)れることしか楽しみがなかった。オーディエンスはすごくおとなしかった。あのステージの映像を見ると、どの列にも警官が配置されていた。みんな私たちのプレイに夢中になっていたんだけど立ち上がってそれを表現することが許されなかった。

マニラ受難

フィリピンなんて大嫌いだ。着いたら何千、何万という若者と何千何百という警官。ほんと何というか、暑くて、カトリックで銃を持っていてスペインの異端審問みたいな態度の国だ。

ジョンと私は同じ部屋だった。朝起きてフロントに電話して卵とベーコンというか、その頃いつも食べていた朝食を注文し、それからいろんな新聞を全部持ってきてくれと頼んだ。自分たちの記事を読むのが好きだったからね。それからしばらくベッドに入ったまま、しゃべったりしてのんびりしていた。ずいぶん時間がたっても朝食と新聞が来ないので、もう一度下に電話を入れた。それでもいっこうに来ない。テレビでも見るかってジョンが知らん顔して“ブー”と大屁（オオベ）を垂れながらスイッチをひねった。そしたら恐ろしい番組をやっていた。画面は、大統領夫人が“私は侮辱された”と叫び、たくさんの空っぽの皿、ビートルズが来てくれなかったと泣き叫ぶ子どもたちだった。そう云われても招待はきちんと丁寧にお断りしていたはずだ。

すべてが妙な具合になってきた。ベッドから出て、荷物をまとめて、ここから早く出ていこうという空気になった。下に降りて空港に向かおうとしたら、来たときには車の行列が出来ていたが、バイクが1台あっただけだった。手伝ってくれる人は誰ひとりいなかった。ようやく誰かが車を２台見つけてきてくれた。空港に行く途中、ビートルズが嫌いな人たちが怒鳴っていた。着いたら本当に唾を吐きかけてくる人もいた。そこでジョンと私が尼さんの後ろに隠れたという有名な話になった。確かに私たちは思った、“ここはカトリックの国だ、尼さんを殴ることはしないだろう”。

当時は独裁制の国だったから私たちは牢屋に入れられると思った。私がマニラに行ったのは、あれが最初で最後だった。もちろん。

アメリカ受難

アメリカじゃ誰かがあの1行だけ取り出して月までとんでいきそうなくらいかけ離れた話に仕立てたから大問題になった。ジョンが何を言ったとしても、教会へ行く人とビートルズを見にくる人を比べる方がどうかしている。ジョンが言ったことは一つの見識だったんだ。ジョンが謝ったのは、あの発言のせいではない。私たち全員の命を守るためだった。ジョンだけじゃなかった。バンドのメンバー全員への脅迫は数えきれなかったし半端じゃなかった。だがツアーをキャンセルしようとは思わなかった。でもうんざりしてきた。もうこれで終わりにしようと決まった。

ブライアンは私たちをツアーに駆り出すのが仕事の一つだったから、ぽっかり穴が開いたような気分だったと思う。だが似たようなツアーの繰り返しには飽きていたはずだ。

作風の転換

アルバム *REVOLVER* は *RUBBER SOUL* の続きで質的には同じだった。自分たちに何が出来るかつかみ始めていた。オーバー・ダビングもよくなってきた。曲はますます実験的で面白くなり、同時に効果音も面白くなってきた。ビートルズはきちんと曲が出来るまで、忠実な犬みたいに働いていた。ツアーをやめて時間的に余裕が出来て創作活動が大きく進化した。*TOMORROW NEVER KNOWS* のドラミングは自分でもいい出来だったと思う。

第7章
スタジオ・アーティスト、新生ビートルズ

“スタジオ活動に専念した。作り始めたレコードはステージでは再現できるものではなかった。それでステージに代わるものが欲しくなった。それがテレビだった。明快だった。”

ジョン・レノン

語り手―――――――――――――ニール・アスピノール

1967年のビートルズは1月から *SERGENT PEPPER'S LONELY HERT CLUB BAND*（サージャント・ペッパーズ・ロンリー・ハート・クラブ・バンド　以下、*Sgt.Pepper*）の制作に取り掛かった。4月はポールがライバルのビーチ・ボーイズをロサンゼルスのスタジオに訪ねた。6月に *ALL YOU NEED IS LOVE*（愛こそすべて）を10日で仕上げBBCのスタジオから世界の4億人へレコード制作を兼ねた演奏を衛星同時中継で届けた。早速、7月にイギリス、8月にはアメリカでチャートのトップに立った。だが8月、ブライアン・エプスタインが自宅マンションで死去し4人の落ち込み方は見るに忍びなかった。9月 *MAGICAL MYSTERY TOUR*（マジカル・ミステリー・ツアー）、10月に *HELLO GOOD BYE*（ハロー・グッバイ）のレコーディングに入った。11月 Baker Street（ベイカー・ストリート）にアップル・ブティックを開業

した。12 月に *HELLO GOODBYE* はイギリス、アメリカでチャート・トップに立ったが、BBC で放映された *MAGICAL MYSTERY TOUR* （マジカル・ミステリー・ツアー）の映像は酷評された。

Sgt.Perrer's

仕上げるのには半年費やした。ツアーから解放されて 4 人には時間が出来ていたので、その分それまでよりも実験的試みに費やす時間を増やすことが出来た。すべて順調に進んだが、正直言ってビートルズの意図するところを理解しきっていない私には退屈する場面があった。スタジオにいる時、4 人は私にも *Sgt.Band* に誰を入れたいかと聞いてきた。おかしな意見がどんどん出てきた。ジョンは誰も知らなかったプレミア・リーグ（英サッカー）、マンチェスターのセンターフォワードだったアルバート・スチューピンスを出そうと言った。アルバム・ジャケットにバンドに入れたい人物を並べたいと思ったようだ。ガンジーやマルクスも出てきた。ジャケット用にマルと私があちこちの図書館へ行って写真を手に入れ、ピーター・ブレイクが引き伸ばし、さらに色を付け、そこからコラージュを作った。植物とかあのジャケットに写ったすべてのものを加えた。ところが、ジャケットが出来上ると花とドラムとビートルズの 4 人は出ているが、あとは大きな青空だけだった。載せたら背景の人間から訴えられるかもしれないので全部消してしまっていた。

サンフランシスコ・カリフォルニア

8 月、ジョージがアメリカ西海岸旅行に誘ったので付き合った。旅行の目的地ではなかったが、ヘイト・アシュベリーはサンフランシスコの二つの通りがぶつかったところだったが、ヒッピーがそこでどんなことやっているか寄ってみようということになった。そこで、ジョージと私や女性二人を含めて 6 人がバイク野郎やヒッピーのそばを通って公園に入り芝生に座った。誰かが“あれ、ジョージ・ハリスンだ”と言った。人が集まり始めた。あっという間に千人ぐらいに膨らんだ。帰りのリムジンまで1マイルぐらいの距離があった。どうにか無事に切り抜けた。集まったヒッピーは幸せな人たちで、危害を加えるつもりは全く持っていなかった。だが警戒心が薄れていた。大勢が集まるとぶつかったり押しつぶされたりしてけがをすることもある。反省している。

ALL YOU NEED IS LOVE

当時の平和を始めとするムーブメントを表現していた。すぐさま一位になった。

マハリシ　（インド行者）

みんなそろってマハリシのところへ行ったのは *Sgt.Pepper's* の時で、全員が髭を伸ばしたのと同じ頃だった。一人髭を生やせばみんなも生やす。誰かがフレア・パンツをはけば数週間のうちに全員がフレア・パンツをはいていた。全員が瞑想に傾倒してしまった。

ブライアンの死

8月27日、ブライアンの死を車のラジオで知った。それから皆のいるマハリシのところへ行った。ジョンは“知ってるよ、エキサイティングだ”といった。一瞬”こいつ何だ……”と思ったが、みんな正気ではなかったんだろう。

それまでビートルズは何事もブライアンと話し合って決めていたが、もう誰もいない。曲作り以外には何一つビートルズは経営ノウ・ハウを持ち合わせていなかった。だがブライアンの死をきっかけに自分たちを自分たちでコントロールしなければならないと思った。いろいろアドバイスが入った。結局、自分たちのオフィスや組織をもち自分たちでやることを決めた。

MAGICAL MYSTERY TOUR

空を飛んでいるシーンがあった。素敵な歌があって雲がどんどん色を変えていく。だがカラー映像のフィルムを白黒映像で放送したのでは、当然色の変化なんかはわからない。見る人の反応は“なんだ、これ？”と白けたものだった。

語り手――――――――――ジョージ・マーティン

Sgt.Pepper's

ポールが書いて持ってきた。このバンドがビートルズ自身だという。そこでまず曲をレコーディングした。それから次第にアルバムのアイデアが膨らんできた。そのころから4人はスタジオ活動に専念したいと考えていた。そこから自分たちの分身というアイデアが出てきたらしい。*Sgt.* にツアーをやらせようというアイデアが含まれていた。私はビートルズと組むずっと前からアヴァン・ギャルド（超先端）もののレコーディングをやっていた。だからビートルズにも新しいサウンドやアイデアを教えた。もちろん4人も *Sgt.* でも考えられる限りの技巧を欲しがり、私が見つけてきたものなら何でも受け入れた。ところで曲をアレンジする時、ポールは実際に私と向き合って二人で作業を進める。だがジョンは雰囲気で私に伝える。たとえば“この曲はサーカスの雰囲気を出したい。サーカスのおがくずの匂いが感じられるようにしたい。”と言う。と言っても実際の音を作るのは私の仕事になってしまう。

制作過程では意識しなかったが *Sgt.* はビートルズだけの自分たちのための映画作りのようなものだった。以降 *Sgt.* は４人の考え方や曲作りに影響した。間違いなく世界の若者の興味の対象を象徴していたしていたし、世界の思想に革命が起きた時期とぶつかった。マリー・クワント（ミニスカートを発表し、世界中にブームを巻き起こした）や反体制の学生運動などと連動した。

ALL YOU NEED IS LOVE

ブライアンがある日突然に曲を作ってくれと言ってきた。世界中に中継され３億人が見る番組のためイギリスの代表としてビートルズが出演する。時間が２週間足らずしかないと言った。それでジョンが *ALL YOU NEED IS LOVE* を書いた。曲のアイデアも理想的で素晴らしいものだった。出だしに「ラ・マルセイエーズ」を使い、それから「イン・ザ・ムード」「グリーン・スリーブス」とバッハを少し織り込みストリングスを最後に入れた。「イン・ザ・ムード」が少し著作権で引っかかったが、結局 EMI が使用料を払ってくれた。

ブライアンの死

田舎のコテッジへ生まれたばかりの最初の子と妻と一緒に息抜きに向かっていた。着いたら地元の人に“お友達が亡くなられたそうで、辛いことですね”と言われてブライアンの死を知った。数日してロンドンの家に戻ったらドアの外に置かれたブライアンから送られた花束があった。すでに花はしおれていて、何とも胸が詰まった。ブライアンと同じ医者にかかっていたので、彼の状態はよく知っていた。覚醒剤も鎮静剤もやっていたはずだ。それに酒もずいぶん飲んでいた。あまり幸せではなかったと思う。そもそもの始まりからビートルズを導いてきたがビートルに対する権限は失いつつあった。だがブライアンの死でビートルズも自分たちのリーダーを失ったことに気が付いた。

皮肉なことだがずっと生きていたらもっと悲劇的な結果になってたかもしれない。いずれはビートルズとの決別は避けられなかっただろう。

MAGICAL MYSRERY TOUR

カラーで撮って白黒で放映された。当時 BBC はカラー放送をしていなかった。大失敗だった。だが一つの試みとしてはよかったのではないか。

語り手――――――――――ブライアン・エプスタイアン

ALL YOU NEED IS LOVE

TV 番組出演は数か月前に決まっていた。放送日がどんどん近づいて来たが曲は一向に出来る気配がなかった。だが全く心配していなかった。ビートルズは３週間くらい前になってようやく本腰を入れた。本格的に曲を書き始めて 10 日でレコーディング、世界同時中継された。ビートルズに平和の魂が乗り移って生まれた曲だった。あれ以上に素晴らしいメッセージはなかったと思う。

語り手――――――――――マハリシ・ヨギ（インド行者）

私がレクチャーした時、４人が楽屋へやって来て言った。“私たちはすごく若いころから、高度な精神性を求めてきた。ドラッグもやってみたが、効果がなかった”。ビートルズは現実をわきまえた知性のある若者たちで、たった２日で超越瞑想が答えになるということを悟った。

語り手——————————————ジョン・レノン

Sgt.Pepper's

ビートルズは同じタイプのものを作らなかった。ファンはわかってくれていたと思う。考える時間がたくさん出来て理解できたことがある。私は色んな物を見てきたが他方、ものを知らない人間だということだった。私を新しいレノンだと言いたいのなら言わせておけばいい。イメージなんか気にかけたことがない。私は私の言葉に従う。最近は敏感になってきたが、当時は批評なんかまったく気にしていなかった。出せば売れる。ビートルズはあまりのビッグで怖いものなしだった。私たちは他の人の生き方に指図出来ない。世間の目にさらされる立場にある。自分たちにとって正しいことをやるように努めるしかない。それが皆にとっても正しいことであることを願うだけだ。

Sgt. はコンセプト・アルバムといわれている。私はそれほどだとは思っていない。私たちがうまくいったと発表したからじゃないかな。*Sgt.* はビートル・ブーツとか今までのものの発展形に過ぎない。キングズ・ロードの若者はすでにアーミー・ジャケットを着ていた。私たちはそれを有名にしただけだ。最後まで自己嫌悪に苦しみながら仕上げた *Sgt.* は私のキャリアで最も重要なステップの一つになった。私たちの努力の成果であった。目指したものを作りあげることが出来た。9か月かかった。私は一回に集中、1作品を、3週間ぐらいで仕上げるのが得意だったけど、*Sgt.* は、仕事して休んで仕事しての繰り返しだった。少しアキが来ることがあったが制作の過程に相当、てま・ひま・カネをかけなければならなかった。それくらいの期間はかかるだろう。

Lucy in the Sky with the Diamond

LSDの歌だといわれてしまった。実際をいうと、息子が学校で書いた絵を見せてくれた。変な女が空を飛んでいる。聞いたら“ルーシーがダイアモンドをつけて空を飛んでいるんだ”と教えてくれた。ピンときてすぐ曲を書いた。イメージは『不思議の国のアリス』の飛ぶような場面転換だった。以降は、どの歌もスペルをチェックするようになった。

ALL YOU NEED IS LOVE

衛星放送が可能になったばかりの番組だった。日本やメキシコ、カナダ世界中あらゆるところから電波が送られて来た。番組のために作った*ALL YOU NEED IS LOVE*はラヴ・ジェネレーションとでもいうべき人たちを引き込もうと思ってレコーディングした。よく見ると、フロアにミック・ジャガーがいる、エリック・クラプトンもそばにいた、モロにサイケ調の服とパーマ頭でね。オーケストラもそばにいて、生で演奏した。ちょっとリハーサルして、“君たちは12時の出番”って言われた。上にいる男が指で示すとそれで終わり。私たちはキメた。ワンテイク（一発）で決まりだった。

マハリシ（インドの行者）

ただ座って、精神を解放する。何を考えてもいいんだ、ただ心の赴くに任せておけば。それからマントラ（mantra・密教で心理を表す秘密の言葉）を唱え始めると、そのバイブレーションが自然とそういう考え方にとって代わる。そうしようと思わなくていいんだ、意思の力を使う必要はないんだ。LSDをやる前にマハリシにあっていたら、LSDを試す必要もなかっただろう。最も、この瞑想というのをやる前に LSD はやめていたんだが、やったこと自体は後悔していない。あれは一つの足掛かりだった。ドラッグみたいな、人工的な足がかりを使わなくても瞑想や集中で解放感を得られることがわかってきた。

ブライアンの死

私たちは皆思いっきり泣きたかった。だが泣いて悲しむだけでは収まらない何かが心のどこかにあった。十代から大人になり、大人から年老いていっても別に心は痛まない。ブライアンも次の段階へ移っていっただけなんだ。彼の魂は存在している。ブライアンという一人の天才を失った。過去の天才たちも肉体はこの世を去っている。だが世界を去って行った天才たちから私たちは今もって多くのものを受け取っている。ブライアンも私たちに何かを語り続けてくるだろう。4 人はマネージャー、ブライアン・エクスプラインに 100％信頼を置いていた。振り返ればブライアンも確かに色んなミスをした。いきなり怒り出すこともあった。その都度、私たちは文句を言った。だが私たちにとってはマネジメントのエキスパートだった。右左をはっきり指示してくれた。実業家というより演劇青年だった。上品できれいな言葉づかいに影響され、私たちと他のグループとの違いが際立った。彼の仕事は私たちが有名になるまで特にきつかった。誰しも認めるところだ。私たち 4 人とブライアンのどちらが欠けていても、どちらも成功はなかった。

語り手 ―――――――――――――――― **ポール・マッカートニー**

明らかに人々の間にムーブメントが起き始めていた。私たちはその一部に過ぎなかった。ビートルズは世代のリーダーではなくスポークスマンだった。

Sgt.Pepper's・軍服まがい

Pepper'sの制服を選ぶために舞台衣装を扱っているバーマンズという店に行った。昔の軍服を基本にして、最高にワイルドなものを注文した。エドワード朝のものがいいか、クリミア軍のものがいいか。いろんなところから変なものを選んできて組み合わせた。私たちは頭の隅でゴテゴテに飾りたてた制服にしようと考えていた。それが実は制服という概念に逆らったものになる。"私はキッチナー卿（英元帥・第一次大戦当時の陸相）に仕えていた"と言いたげな格好に仕立てた。バンドの若者は軍服を着てライフルの銃身に花を飾った。

注目されていたのは間違いない。リリースされたのは金曜日だ。続く日曜日にジミヘン（Jimi Hendrix）を見に行ったらオープニングが*Sgt.*だった。金曜から日曜のわずかの間に曲を覚えてくれていた。ジミヘンの大ファンだったし、オープニングに選んでくれたことは私にとって何よりの賛辞だった。むしろ私たちは中心から外れたところに、何か当てはまるものを探していた。あの時代に実際に感じられた雰囲気はザ・ムーヴとかステイタス・クォー（The Move or Status Quo）とか、そういうものに代表されていた感じだったが、でもそういうものの外側にはavant-garde（前衛的）な雰囲気があった。それが*Sgt.*に入り込んでいたと思う。

ALL YOU NEED IS LOVE

あれは楽しい1日だった。番組の撮影でBBCへ出かけた。朝早くカメラ・リハーサルに行くと、ズラッとオーケストラがいて……「グリーン・スリーブス」とかあの曲の途中に入れるためだったんだが。スタジオに誰を連れて来てもいいと言われた。だからミック（ジャガー）やエリック（クラプトン）、友達に奥さん連中をいっぱい呼んだ。

Lucy in The Sky with The Diamond

ジョンの家に行ったらジュリアン（ジョンの息子）の絵があって上の方に *Lucy in the Sky with the Diamond* というタイトルが書いてあった。それで私とジョンはジュリアンの部屋に行って、私が " セロファンの花 "" 新聞のタクシー "、ジョンは " 万華鏡の目 "" 鏡のネクタイ " などサイケデリックなアイデアを出しながら歌を作った。人から云われるまでイニシャルが LSD になっているとは気が付かなかった。

A DAY IN THE LIFE（以下、*A Day*）

ジョンは新聞記事から " 彼は車を飛ばしているうちに我を忘れてしまった " という文章を引っ張ってきた。実際には車をぶっつけたんだし、共同作業で " 我を忘れた " なんかをドラマティックすぎるので少し変えた。だが歴史はすべてうそだそうだ。何故なら、記述された時点ですべての事実がゆがめられているからだ。

ジョンと二人で共同作業に取り掛かったが、*A Day* の出だし部分とメロディはできていた。デイリー・メイルに出ていたブラックバーンの穴のおかしな記事、それがそこからどう続いていくか彼は考えたたんだよ。その次の記事に、だれだれ様がアルバート・ホールで演奏したというのが出ていた。それで全部を一緒にして、詩的に仕上げた。ピアノを弾きながら入れてみた。" 目が覚めて、ベッドから落ちて、櫛でのろのろ髪をとかして……" 私の得意なジョークなんだが、その時 " 目覚ましの音を入れてみよう " と思った。"3,4--5"、そこで目覚ましがなり、それを合図に次の部分に入る。全部そうやって区切った。ジョンに売り込んだ。"15 小節分だけ、やりたい放題の部分を入れよう、そのあとの部分から雰囲気を変える。オーケストラにはそれぞれの楽器で一番低い音から始めて、一番高い音まで上げるように指示する。ただし高音に達するまでの時間は自分で決めていい "。実際に楽譜にはそう書いた。“ここからは自由”と。それにしてもあのトランペットの音――完全にぶっ飛んでいた。結果として、クレイジーなスウィングの嵐になった。すごくエキサイティングだった。

ビーチ・ボーイズ

一番影響を受けたのはビーチ・ボーイズのアルバム『ペット・サウンズ』だった。私がいただいたのは基本的にハーモニーだった。avant-garde だけではなくストレートな音楽、サーフ・ミュージックだった。だが少しだけ、歌詞やメロディーの面から、解釈を広げた。

マハリシ（インド行者）

8月に、どこかの学校を使ってセミナーが開かれた。マハリシを囲んで座り、瞑想の方法を教わって、自分の部屋でやってみる。座ってマントラを唱えるのだが、すぐ何かを考えてしまう。――次のアルバムはどうなるのかな――いかん、ダメダメ。最初の何日かは、実生活の自分の予定から頭を切り離そうとするだけで大変だった。だが、あれはよかった。最後にはようやくコツがつかめた。永遠にドラッグをやり続けることはできない。一つの経験ではあるが、もう私たちには必要ない。ドラッグではない他の方法で同じ場所に到達できるようになってきたと思う。

ブライアンの死

ブライアンは一番古い仲間の一人だった。自分のいる場所からその人の存在がもぎ取られてしまった。もう彼には会えないどうすることもできない。苦しみが圧し掛かってきていた。当時、私たちはビートルズの作品を自分たちで管理したいと思うようになっていたし、実際マネージメントをやっていた。だからブライアンとはちょっと難しい関係になっていた。こうした状況が彼の憂鬱を深めていたのは確かだったと思う。ブライアンが亡くなったころには、マネージャーの必要はなくなっていた。

MAGICAL MYSTERY TOUR

まるで計画性なし。そうやって人間は学んでいく、失敗によって。その一方で、その後スティーブン・スピルバーグみたいな人たちから“映画学校へ行っている頃、あの映画は私たちの間ですごく話題になっていた”といわれた。すごく誇りに思っている。大胆な試みだった。ただ明らかに時期と観客を間違えて放映されてしまった。

語り手 ―――――――――――――――― ジョージ・ハリスン

LUCY IN THE SKY WITH THE DIAMOND

すごく好きだった。私は西洋の音楽にインド楽器を重ねる（一般に噛み合わせるのは難しいのだが）ことが出来た。タンブーラ（インド古典音楽に用いる弦楽器・余韻の長い音を出す）の単調な響きがうまくマッチしていた。

Sgt. ……、***A Day***……、***Lucy***……

完成した *Sgt.* は私も気に行っていた。これまでとは違うものが出せていた。ジャケットのコンセプトにもすごく満足が出来た。*A Day in the Life* はオーケストラとピアノのすごい和音を使っていたし、*Lucy in the Sky with the Diamond*　は音楽的に好きな曲だ。でもそれ以外はごく当たり前の曲だった。

ALL YOU NEED IS LOVE

当時の風潮を考えると、あの曲はすばらしいアイデアだった。他の国（衛星同時中継）のプログラムはカナダの伝統的編み物とかベネズエラでは何故かアイルランドの木靴ダンスとかだった。私たちは最初から *All You Need Is Love* をやろう、これはちょっとした神の宣伝になると思っていた。

サンフランシスコ

ヒッピーで有名なサンフランシスコのヘイト・アシュベリーへ行ってみた。ところが実際はドラッグ漬けになっているニキビ面のドロップアウトたちがゾロゾロいるばかりで、そのおぞましさを見た私はいっぺんで嫌になった。荒廃した裏町と化していて、浮浪者や落ちこぼれが溢れていた。その多くはまだ年端もいかないのに LSD をやっている。アメリカ中から、この LSD のメッカに集まっているということだった。ニキビ面の若者たちが私にいろんなものを渡そうとした。羽のついたインディアン・パイプとか、本とか、お香……それからドラッグ。“いらない、私は欲しくない”とある男に言うと“おい、お前――俺をコケにするのか”と言葉を投げつけてきた。ひどい状況だった。私たちはどんどん早足になりながら公園を抜け最後にリムジンに飛び乗った。“こんなところ早く出よう”。そのまま空港へ向かった。

マハリシ（インド行者）

8 月 24 日、リンゴを除く全員でヒルトン・ホテルに行き、マハリシのレクチャーに参加した。チケットは私が手に入れた。実のところマントラ（mantra・密教で真理を表す秘密の言葉）が聞きたかった。私はその頃すでに瞑想をやりたいと思いはじめていた。もう一つの世界へ行くためのパスワードだった。私たちはなにをやるにも一緒という感じだったからジョンとポールもついてきた。瞑想していて何かを考えだしていると気がついたら、もう一度その考えをマントラに置きかえればよい。

バンゴアで記者会見を開いて、私たちはドラッグをやめたと言った。別にマハリシの影響ではない。シタールを弾きたくてヨガも始めていたし、もっと瞑想体験を深めたいと思っていた頃だった。そういう方向へ来ていたんだろう。丁度そこへマハリシと出会ったということだった。LSDは何度でもやり続けることは出来るが真にハイになることは出来ない、やめる以外にはない。まともな状態でやらなきゃだめだ。シェイクスピアも言ってる通り、この世はすべて舞台で人間は役者にすぎない。私たちはビートルズという役を演じているだけだ。何らかの目標を達するためには瞑想が唯一の手段だ。瞑想によってすべてのゴミを自分の中から追い出すことが出来る。そのゴミがなくなったら、もともとの自分になれる。まるでジョークだけど、自分がなりたい自分になっている。もとに戻すだけでいいんだ。

ブライアンの死

ブライアンは人生の多くをビートルズに捧げてくれた。ビートルズの一員だった。死なんてものは存在しない。ブライアンは変わっていないと思えば私たちの気持ちが安まる。私たちが真剣に瞑想を始めた丁度その頃だった。電話があり、ジョンが取ったような気がする。見る間に血の気が引き“ブライアンが死んだ”と言った。亡くなっているのが見つかったという以外にはわからなかった。すごく不思議だった。すぐに荷物をまとめて外へ出たらマスコミが詰めかけていた。“ショックで何も言えない”と言っている映像が残っている。車に乗り込み、ロンドンへ戻った。事故だったと思う。あの頃はそういった事故で死んでしまう人間がやたら多かった。大量のウイスキーやブランデーと覚醒剤を一緒にやって――それでサンドウィッチを喉に詰まらせて死んでしまう。ブライアンが不幸な人間であったことは確かだ。

私たちがツアーをやめてから、ブライアンは実際のところ何もしてなかった。私たちがスタジオ活動をするようになって、最初のうちは時々やって来たが、ほとんどやることがなかった。それでも付き合いは続いていた。ブライアンと出会って私たちはプロになりレコード業界やロンドン・パラディアムに向かって進み始めた。私たちは自分たちのビジネスや金銭面について何も知らなかった。だからブライアンがいなくなって全く途方に暮れてしまった。

アップル・ブティック閉店　創作への回帰

最初はすばらしいアイデアだった。私は今でも本当に価値あるものを売る店があればいいと思っている。私たちがやろうとしていたことは、自分たちの好きなものを商品としてすべてそろえることだ。イカレた服とかヒッピーのフラワー・パワーめいたもの以外にも、私たちは様々なタイプの音楽（今では“ワールド・ミュージック”と呼ばれているもの）をサポートするつもりだった。それに私たちが興味を持っている様々なことに関する本、宗教関連、お香とか、とにかく何でも置くつもりだった。だが誰が最初にアップルを考え付いたのかサッパリわからない。誰が思いついたにせよひどいアイデアだった。いろんな意味で勇気ある試みに違いなかったが、私たちには実現できなかった。私たちに出来ることはスタジオにたむろして音楽を作ることだけだった。その曲作りの出発点はいろんな人に対する好奇心、親しみにあった。ふるさとの人も、ビートルズのファンになってくれた世界中の人たちも、世間の人たちも、私は何時も身近に感じ観察していた。真実が目の前にあっても、それが見えるとは限らない。本人に準備が出来ていて初めて気が付くものだと思う。

語り手――――――――――――――リンゴ・スター

Sgt.Pepper's

私たちの最大の成果だった。私を含めて全員に――すごく幅を与えてくれた。アイデアを考えるにも、いろんな素材を試すにも、すごい自由が与えられた。ジョンとポールはたいてい家で曲を書いていた――家にいないときもあるだろうけど――それから曲を持ってきて、“こういうのが出来た”とみんなに見せてくれる。この頃には、実際の曲作りはふたり別々にやるようになっていたが、ふたりが持ち合って協力することもあったし、全体の曲作りは私たち皆が参加した。ビートルズのすばらしいところは、誰のアイデアであろうと一番いいものを採用していたことだ（誰のアイデアかは問題ではない）。エゴをむき出しにするような人間はいなかった。“いや、それはオレが考えた”なんて言って、権利を主張するヤツはいなかった。だから曲目も常に高い水準を保っていた。何が起こるか分からない、そこがおもしろかった。私はよくスタジオに居座って、曲作りの展開を楽しんでいた。まあ、毎日は行かなかったんだが。

私たちは曲にストリングスやホルンやらピアノを詰め込んでいく。それを全部楽譜に書けるのはジョージ・マーティンだけだった。更にすごいのは誰かが“あ、ここのバイオリンはデデディドリィーって感じにしたいんだ”とか言う。ジョージ・マーティンはそのまま楽譜にしてしまう。バンドの一部だった。ジョン、ポール、ジョージ――ソングライターたちは、望むものは何でも曲に加えていった。私たちは長時間スタジオにこもった。ベーシック・トラックをレコーディングするのはいつもと同じだったが、ストリングスやなにやかやをオーバーダビングするのに何週間もかかるようになっていた。パーカッション（打楽器）のオーバーダビングは更にそのあとだった。*Sgt.* はすばらしいと思う、いいアルバムだ——だが、待ち時間が長くなった。私がチェスを覚えたのはあのレコーディングの時だった。ニールが教えてくれた。

Sgt. は特別なアルバムだったから、ジャケットの段階になったら私たちは特別に着飾ろうと思っていた。彼ら、つまり *Pepper's band* になろうと思っていた。ちょうどフラワー・パワーが頂点に達しかけていた頃だったし、ラブ＆ピースも頂点だった。私にとっても、世界にとってもすばらしい時期だった。*Sgt.* はあの時代のムードを捉えていた。同時に多くの人たちに、本気で自分のやりたいことをやろうという気を起こさせてた。アルバムをみんなすごく気に入ってくれた。モンスター・アルバムだった。あのアルバムを作っている間、スタジオにこもっていた。ファブ・フォー（ビートルズ）が勝手なことをやっているんだと思われていたようだった。確かに、有名になると最後にスタジオにこもって壮大なオペラを書き始める。絶対実現しないような。だけど私たちは本当に作品を実現させた。史上最も愛されたアルバムの一枚になったと思う。

WITH A LITTLE HELP MY FRIENDS

私のために書かれた曲だったんだけど、1か所だけ歌いたくない歌詞があった。"音を外したらどうする？立ち上がって僕にトマトをぶっつける" と云うところだった。" このラインはぜったい歌えない " と言い張った。私には、ゼリービーンズやおもちゃをステージで投げつけられた記憶がまだ強く残っていた。またステージに上がらないとも限らない、その時トマトをぶっつけられるのは勘弁してほしいと思ったからだ。

ALL YOU NEED IS LOVE

世界で初めての衛星放送番組だった。私たちは、あれだけの大観衆を惹きつけられる人気があったんだ。楽しかった。今考えてもワクワクする。番組名「アワー・ワールド」、みんな銃に花をさして愛と平和のために参加した。みんな幸せそうな顔をしていた。

マハリシ（インド行者）

あの時、留守電にジョンから“すごいんだ、みんなでウエールズへ行くことにした。一緒に来いよ”と入っていた。ジョージからは“マハシリは最高だ！絶対来いよ”と電話があった。マハリシはいつも笑っていた。この人は本当に幸せなんだと惹きつけられた。それでレクチャーを聞き、瞑想を始めて、マントラを授かった。私たちは初めて東洋の哲学に触れた。それで新たな突破口が見つかった。

ブライアンの死

バンゴアで聞かされた。頭が混乱してウソだろとしか思えなかった。私たち全員がとり残されてしまった。花と希望を持ってバンゴアへやって来たのに重い足取りで引き返さなければならなかった。マハシリは“ブライアンを悲しみ、愛し、旅立たせてやらなければならない”と言った。その言葉にすごく助けられた。

私たちが世界ツアーをやめて、レコードを作り、発売された。ブライアンの仕事がなくなってしまった。ちょっと距離ができていたのは確かだし、仕事が減っていた。だがブライアンが生きていれば私たちのマネージャーを続けていたと思う。ブライアンと一緒だったら自分たちを見失うことはなかったし、後にアラン・クライアンに頼ったりすることもなかったはずだ。ブライアンはいろんなレストランに私たちを連れて行って脂まみれのスプーンが出るような場所から引き離した。タイを締め、ちょっとまともな格好をするようになった。“ステージで酒を飲むな、演奏中は煙草を吸わないように”。私たちの態度はそれだけ変わり、私たちを受け入れようとしてファンも変わった。

あの頃のジョン

ほんと最高だった。普通の人なら1曲全部か、小説1冊必要なところを、切れ味鋭い1行で表現してしまう。曲もメロディーも演奏もどんどん良くなっていった。

映画

この年（1967）の末に映画の撮影でローマに行った。「キャンディ」という映画だった。マーロン・ブランド、リチャード・バートンやウォルター・マッソーなんかと一緒だった。私は演技するのが大好きだった。ほんとおもしろかった。すばらしい役者たちと会えるのが嬉しかった。みんなが演技についてアドバイスしてくれた。私の演劇学校だった。

付説・作品点描

新たな出発

やさしさ・友情

　ツアーをやめて過密日程、けん騒、ストレスから解放された４人は自由と時間を得て自分たちに失われていたものを取り戻した。

SGT. PEPER'S LONELY HEARTS CLUB BAND　　戦争しないペッパー軍曹のさえないバンド

John Lennon and Paul McCartney

（レコーディング：1967年３月、英国発売：1967年６月、米国発売：1967年６月）

もう２０年前になります
ペッパー軍曹がバンドをつくました
さえないバンドですが
笑顔は差し上げられます
よってご紹介します
バンドやってるのはご存知でしたか
ペッパー軍曹のさえないバンドです

私たちペッパー軍曹バンド
みなさんを楽しませます
ペッパー軍曹バンドです
おくつろぎを　夜道に日は暮れません
ペッパー軍曹バンド
ペッパー軍曹バンド
さえないペッパー軍曹バンドです

ライブを楽しみましょう
損はさせません
お客さまは神様です
ご自宅と思って楽しんでください
お客様とバンドのくつろぎの場です

せっかくのところ　少しお時間を
お知らせです
当バンドの歌手が一曲歌います
みなさまも　ご一緒にといっております
歌手が登場します
世界でたった一人のビリー・シアーズです
それからペッパー軍曹バンドです

WITH A LITTLE HELP FROM MY FRIENDS　友達がいてくれる

John Lennon and Paul McCartney

（レコーディング：1967年3月、英国発売：1967年6月、米国発売：1967年6月）

歌が下手くそだったらどうする
席を立って出ていくかい
歌ってみるから聴いてくれないか
ちゃんと歌ってみるから

少し助けてくれないかなー
そうすれば気持ちが楽になる
歌ってみるからよろしく

彼女に振られたらどうしようか
（一人だけになったらどうする）
日が暮れて何を思うだろうか
（一人ぽっちはやっぱり悲しいよな）

友達がいれば何とかなるさ
何とかなるさ
やっぱり友達さ

(誰かに居てほしいかい)
そうだね　やっぱり
(誰でもいいかい)
愛する誰かに居てほしい

(一目ぼれしてみたいかい)
いつも　そう願っている
(明かりを消して何か見えるかい)
言わないでおこう　やっぱり

友達がいてくれる
友達がいるから安心だ
友達がいるから勇気がわいて出る

第8章
各人の作風、ヨーコ

"4人は、それぞれ自分の道を歩み始めていた。ヨーコはその状況を促進させる触媒に過ぎなかった。私は一つも後悔していない。だけど、当時はヨーコがいることが煩わしかった。"

ジョージ・ハリスン

語り手——————————ニール・アスピノール

1968年のビートルズ

ジョージは1月、インド・ボンベイの友人が制作する映画 *WONDERWALL*（ワンダーウォール）のサウンドトラック（音楽・音声レコード）を作っていた。2月は前半、*LADY MADONNA*（レディ・マドンナ）と *ACROSS THE UNIVERSE*（アクロス・ザ・ユニバース）のレコーディングを行い、同月半ばに4人は各々夫妻でマハリシの下で瞑想修行をするためにインドのリシケシュに行った。そこにリンゴは2週間、ポールは3月半ばまで滞在した。*LADY MADONNA*（レディ・マドンナ）はイギリスで3月トップに立ったがアメリカでは4位にとどまった。ジョンとジョージもマハリシに幻滅して4月中にはリシケシュを去った。5月にジョンとヨーコは *Two Virgins*（ツー・ヴァージンズ）をレコーディングし、6月に互いにパートナーであることを公にした。7月17日アニメ映画 *YELLOW SUBMARINE*（イエロー・サブマリン）がロンドンで公開された。7月29日から8月2日まで *HEY JUDE* をレコーディングし、8月31日アップル・ブティック（開店は前年12月4日）を閉店した。9月、*HEY JUDE* は英で2週、米で9週トップに立った。10月、ジョージはロサンゼルスで Jackie Lomax's Album を制作した。11月マルキシズム雑誌 Black Dwarf（ブラック・ドゥオーフ）はジョン・レノンのレボリューションの歌詞が日和見主義的であると厳しく批判した。8日ジョンとシンシアの離婚が成立した。15日ジョージは The Smothers Brothers（ザ・スマザー・ブラザーズ）のコメディー番組に出演した。12月ジョンとヨーコはローリング・ストーンズのロックンロール・サーカスに参加した。

マハリシ（インド行者）

リシケシュにビートルズを訪ねた。マハリシと映画を作ると聞いてやめさせるためだった。4人はユナイテッド・アーティスツと映画作りを3本契約していたが、まだ *HELP!* と *A Hard Day's Night* の2本しか作っていなかった。1週間滞在した後、ポール夫妻と一緒に帰国した。

アップル閉店

損得とかいう理由ではなく。もうやりたくないという結論に達したんだろう。それに4人は商人でもないのにアップルの件で商売にたくさん時間をとられていた。

割り込み司会

トゥイッケナム・スタジオで *HEY JUDE* と *REVOLUTION*（レヴォ

リューション）の演奏シーンを撮っていた時、デヴィット・フロストがやってきて自分の番組をやってるみたいに司会をやり始めた。この撮影は観客を招いてやっていたので、観客もビートルズも全員ステージに上がり *HEY JUDE* のコーラスのリフレインを歌った。

ヨーコ

当時の人々はあまりヨーコが好きじゃなかった。新聞のせいかも知れないが、前衛的な要素が原因だったと思う。人は理解できないものは毛嫌いする傾向があるようだ。ジョンはどこへ行くにもヨーコと一緒だった。だからジョンがスタジオにいればヨーコもスタジオにいた。

語り手 ―――――――――――――――― ジョージ・マーティン

HEY JUDE、*REVOLUTION*

HEY JUDE は長い曲だった。私は実際に時間をはかって“こんな長いシングルは作れない”と言った。ビートルズは大声で私を非難した。私はディスク・ジョッキーがかけられないというくらいの情けない理由を返す程度だった。するとジョンが“ビートルズの曲だ、かけるさ”。実際、その通りになった。

HEY JUDE の B 面が *REVOLUTION* だった。この曲で私たちは初めてレコーディングに distortion（ゆがみ、ねじれ）を使った。制作技術者からはいろいろ文句が出た。だがこれは挑戦だった。この曲はジョンの作品を限界まで突き詰め、それを超えてしまった。

インドの産物

4 人はインドから大量に曲を持って帰った。30 曲を超えていたと思う。圧倒されたが、同時にがっかりもした。傑作とは言えない曲もあった。そしてビートルズは基本的なアイデアが浮かぶと、ジャム・セッションをやって簡単に終わらせようとした。そうして作った曲の出来はよくなかった。私は 2 枚組にするよりも、非常にすばらしい 1 枚のアルバムにすべきだと言ったが、4 人は譲らなかった。あとで分かったんだが、すべての曲をレコーディングすることで EMI との契約枚数を早く片付けたかったようだ。

ヨーコ

たいていヨーコがスタジオに来てジョンのそばにいたのを覚えている。病気になった時にはスタジオに彼女のベッドが置かれた。二人の精神は完全に一体化していた。その分ポールや他のメンバーとの絆は縮小していった。もはや、以前のような親密な 4 人組、私を入れた 5 人組ではなくなっていた。どのメンバーも悩みを抱えていた。ジョン・ヨーコとポールのよそよそしさと、誰も昔のような仲間意識を持たなくなった状態に落ち着きを無くしていた。リンゴは原因を自分ではないかと自問していた。

語り手 ―――――――――――――――――――――――― ジョン・レノン

アップルの散財

世間でお金を持っていながら私のような考え方をしないのは、まるで理解できなかった。私はお金をあげるかなくするか、どっちかをしなければならなかった。多くの人にお金をやった、金を失う一つの手段だった。もう一つの手段は、自分の実状、つまり大金持ちの男ということに対して責任を負わないことだ。

YELLOW SUBMARINE

半分は私が考えた。人々を吸い込むフーバーノのアイデアは全部が私だ。United Artist との契約を果たすための最後の３番目の映画だった。ブライアンが契約していて私たちにはどうしようもなかった。だが、この映画は私は気に入っていた。

HEY JUDE

HEY JUDE はポールの傑作のひとつだ。私がシンシアと別れて息子のジュリアンを手放すのを知って作った曲だった。子ども好きのポールはジュリアンにとって優しいおじさんだった。加えて、この曲は私にも向けられていた。"go out and get her" と私を置いて行きヨーコのとこへ行けと言っている。ジュリアンをいたわり私を勇気づけている。だが本当のところは、父を失うジュリアンと幼い時からの仕事の相棒でありライバルであった友を失う悲しみを歌っている。

私の作風　*REVOLUTION*

私を除く全員が休暇を取っている時、*REVOLUTION* を作った。シングルで出したかったが、それほどの出来ではないと言われたので LP に組み込まれた。歌詞が日和見的とか反革命的と言われたが、革命は非暴力、平和的な手段でないと結局、成功しないという私の信念を歌った。*HEY JUDE* はシングルに値するのはもちろんだったが、*REVOLUTION* もシングルにもその値打ちがあったと今でも思っている。

私の作風　ヨーコ

私はツアーをやめて以来、ビートルズから離れることを考えていた。漠然と行き場を探していたが、わからなかった。そして一人で船に乗る勇気もなかった。そんな時ヨーコと出会った。ヨーコはビートルズを何とも思っていなかった。出会った日から対等の時間、対等の空間、対等の権利を要求した。私を中心としてまわっている状況では、ヨーコは居場所がなく、呼吸もできないと言った。私に“王様は裸”だと言った。そんなことを私に言う人はいなかった。ヨーコが先生で私が生徒だった。ヨーコの教えに感謝している。私は精神的に死ぬか、肉体的に死ぬか。あるいはその両方か。そういう状況からヨーコが私を救ってくれた。ヨーコといると自由になれる。私はヨーコと一緒にいると完全な自分になれる。ヨーコがいなければ、私は半分しかない。ヨーコと出会ってビートルズは私にとって大切な旧友となった。ヨーコは創作と愛情の双方で私のもう片方となってくれた。

みんなは“このセッションの場でヨーコは何をするつもりなんだ”とピリピリしていた。私たち二人はいつも一緒にいたいというカップルだった。だがその場は異常な空気が流れていた。ヨーコがビートルズで知っていた名前はリンゴだけだった。日本語で同じ発音の“りんご”だった。

ポールはいつも丁重にヨーコに近づいて“もう少し後ろに控えていてはいかがですか？”と言っていたようだ。私の目の届かないところでの話だったようだ。

振り返ってみれば状況は理解できる。創作でも個人でもぴったり息の合っていた４人と更に控えめで表に出たがらない妻や彼女たちがそれまでだった。３人はジョンに何があったんだろうといぶかったんだろう。私とヨーコはただ二人でいることだけに熱中していた。周りを見渡せば私とヨーコが理解されていないということはよくわかっていた。だがビートルズ解散の原因はヨーコではない。

Two Virgins

偶然の産物だった。ヨーコと二人で一晩中テープを作った。ヨーコがあの不思議な声をだし、私がテープ・レコーダーのあらゆるボタンを押してサウンド・イフェクトを作った。そして夜が明ける頃、私たちは愛し合った。それが *Two Virgins* だった。私は自分と同じくらい熱狂的な人——幻覚のようなサウンドを持った妻——がいて、ダンス・ミュージックでもない、ポップ・ミュージックでもない音楽を対等に楽しめることを知った。

WHITE ALBUM

曲は全部インドで書いた。全員合わせて約 30 曲書き上げた。ポールが十数曲、ジョージが 6 曲、私は 15 曲、それから瞑想から得たのかもしれないがリンゴが初めて曲を作った。

GLASS ONION

あの時ヨーコに出会ったばかりでヨーコと愛の雲の上に載っているようだった。その頃まだポールは何とかグループをまとめておこうとしていた。だからポールに向けて“いい仕事して私たちを団結させてくれた”と感謝の気持ちがあった。だが、“私はヨーコと一緒にやっていく。今までありがとう、私はもう出ていく”という状況だった。もちろんポールに対して罪の意識もあった。

リンゴは

世界一のロック・ドラマーの一人だ。

語り手 ―――――――――――――― ポール・マッカートニー

リシケシュ（インド）

1968 年ころになるとみんなビートルズをやり続けて来て精神的に疲れが出てきた。ビートルズといって現実感覚を無くさないように、のぼせる上がることがないように。それぞれ大変なことだった。有名になる、金持ちになる、最高だ。だがそれは何のためだったのか。私たちはありとあらゆることを探っていくようになった。ジョージがインド音楽に凝っていたから、自然に疑問がわいてきた。瞑想、空中浮揚、蛇使い。単純に知りたかっただけだった。マハリシに会ってからリシケシュに行くことを決めた。

サマー・キャンプのような生活だった。食事は菜食主義、確か朝はコーンフレークを食べていた。リンゴ夫妻は早く帰国した。食べ物に耐えられなくなったのだ。モーリーはハエに耐えられなかった。1 か月たった時 " 私にはこれで十分だ "" 突き詰めたければどこでも出来る "。瞑想の利点の一つは教会に行かなくても出来ることだった。リシケシュで学んだのは瞑想の仕方だった。

私とリンゴが早く引き上げたが、ジョンとジョージも帰って来たのですごく嬉しかった。残ったメンバーが土産話を持って帰った。ブロンドのショート・ヘアーの魅力的なアメリカ人の女性にマハリシが言い寄ったということだった。私は内心こう思った。" 何が問題なんだ。マハリシは神でも聖職者でもない、口説いてはならないという決まりはない。結局、ただの人間だ。瞑想の方法を教えているだけだ。" リシケシュはいい経験だった。楽しかった。今はあまりやっていないが、どこかで行き詰まったり心が少し乱れたりしたら、瞑想をやるといいと思う。

私の作風

まだ創作活動を続けるべきかどうか、考えてみる時が来た。この先のことはともかく現状では、まだまだよい曲を作るだろうと思われている。ファンは私たちのB面レベルの曲でも創作を続けるべきと思ってくれている。

人々はビートルズの言動や曲をすべて政治的な声明と思っているかもしれないが、そんなことはない。結局、いつだってただの歌でしかないんだ。聴いた人がビートルズは何をやっているんだと思うような曲は一つや二つあるだろうけど、ただ歌を歌っているだけなんだ。ただし、“水爆についてどう思うか”と聞かれれば“水爆には反対だ”と答えるし、アメリカ・ツアーで客席が黒人と白人に分けてあったら公演はキャンセルさせてもらうことは前述した通りだ。

HEY JUDE

リリース直前に繁華街ベイカー・ストリートのアップル社屋壁の白ペンキを削って*HEY JUDE*と書いた。通りの人たちには何のことか分からないだろうけど、逆にすごい宣伝になると思った。ところが近所で惣菜屋をやってる男性から“知り合いに頼んでキサマを叩きのめしてやる”とカンカンに怒った電話が取り次がれて来た。いったい何のことですかと訊いたら、店のウインドウに“Jude”と書いたろう。あれはナチ時代のユダヤ人商店にダビデの星と”Juden Raus“と書いた迫害と同じだと抗議された。そんなつもりはなかったが、そういえばナチス時代の映像が思いだされた。直ちに謝った。そんなつもりはありませんでした。ユダヤ人は友人に沢山います。これから出る曲のタイトルなんですと言って歌詞の内容も説明した。全くの偶然です。是非、曲を聴いてみてください。やっと男性は気持ちを落ち着かせ納得してくれた。

どうして Jude という名前を使ったかというと、*Oklahoma*（ミュージカル映画）にジャッド（Jud）という登場人物がいて名前が気に入っていたからだ。

ミック・ジャガーに "na na na ...... のとこだけで丸々一曲分あるぜ、どうやって作ったんだ！" と言われた。当時シングルは 4 分が精いっぱいだった。4 分を超えると音が小さくなって、レコードをかける人はボリュームを上げなければならない。だが、私たちには優秀なエンジニアが大勢ついていた。大きな音にする必要のない部分を圧縮することによって、その他の部分に余裕を作った。シングルに 7 分の曲を収めることが出来た。

ヨーコは

よくスタジオに来ていた。ジョンと寄り添い激しい恋愛におちいっていた。非常に強く独立心の強い女性だった。そういえばジョンが好きになった女性はみんな強い人だった。母親代わりだったミミおばさんもそうだった。シンシアは違った。素敵な女性だが強く引っ張っていく人ではなかった。離婚したのはそのせいだったかも知れない。ヨーコはその逆だった。コンセプトアーティストで多くの話題に通じていたヨーコにジョンは強く惹かれた。ビートルズを知らなかったというヨーコがとても魅力的だったようだ。ヨーコが革のコートを着た男の人が好きと言うと、ジョンはその通りにして以前やってたようなティーン・エイジャーみたいに振る舞った。ジョンにアートの道筋をいくつも示した。この二人の有り様は、困ったことにビートルズがこれまで築いてきた枠組みを壊し始めてしまった。

ジョンはヨーコなしではいられなくなっていた。ジョンを責められない。だが、私たちはヨーコにアンプの上に座られたのでは、創作に差支えるし、すごく不愉快だった。その都度ジョンとの関係を気遣いながらヨーコに言うのは大変気苦労だった。その頃、ジョンにはビートルズが重荷になっていた。ジョンはグループを離れたかったが決断がつかなかった。ビートルズはヨーコとの関係に障害になる。だからビートルズを離れるという決断がついたようだった。

リンゴは

アルバム *Abbey Road*（アビー・ロード）をやるまでドラム・ソロを入れたことは一度もなかった。その結果、リンゴのスタイルは好きだけど技術的には評価できないというドラマーがいたが、私たちはあまり気にしていなかった。後ろから安定したすばらしいドラムサウンドが聴こえてきたからだ。だがリンゴは悩んでいたようだ。だからリンゴがバンドを離れたことがあった。それでやっと私たちはリンゴの評価を口に出して伝えた。花を何百万本も注文してリンゴを歓迎して迎えた。

語り手――――――――――――――――ジョージ・ハリスン

YELLOW SUBMARINE

７月に映画が公開された。だが制作にかかわった連中やプロデューサーとのミーティングはいいとこ数回だけだった。ビートルズはほとんど制作には関与していない。だが映画は気に入っていた。名作だと思う。すべての世代が楽しめる映画だ。赤ん坊、３～４才の子どもにもうけると思う。

HEY JUDE

ジュリアン・レノンのことを歌った曲だ。ポールはジョンがシンシアと別れようとしていた時に、小さな子ども、５才くらいだったかな、罪のない傍観者であるジュリアンが離婚問題に巻き込まれているのを不憫に思った。その頃アップルの店が空っぽになったのでウインドウを使ってニュー・シングルの宣伝をしようという考えが浮かんだ。そこで大きな字で *HEY JUDE* と書いた。次の日、店のウィンドウが割られた。誰かが戦前のナチ運動の "Juden"（ドイツ語でユダヤ人の意味）と勘違いしたらしい。

ヨーコ

ヨーコがジョンと一緒に踏み込んできた。それ以降、どちらか一人でいるのを見たことがない。突然バンドに入って来た。歌や楽器を始めたわけじゃない。ジョージ・マーティンがいるのと同じようにヨーコはそこにいた。私たちがレコードを作っているのをしり目に、ケガか何かでヨーコがピアノの下に敷いたマットレスの上に寝ていたこともあった。それまでにもブライアンやその時々のガールフレンド、妻、そういう人たちが顔を見せたりした。だがジョンしか知らない人が来たのは、本当に始めてだった。年中そこにいるのは、とても妙な気分だった。私は居心地の悪さを感じた。なんとも不思議な空気だった。

Two Virgins を全部聴いたわけではないが、あの種類のものには興味がなかった。EMI で取り扱いを拒否され、アメリカでテトラグラマトンから発売された。ジョンとヨーコの個人的なトリップだ。お互いに夢中になって、お互いに傾倒しあった結果、相手の言動がすべて重要だと考えるようになっていた。私はその頃、ビートルズに嫌気がさし始めていた。ビートルズを取り巻くすべてのことに興味がなくなっていてインド音楽に向かっていた。

今、ヨーコと話をしたら昔もビートルズが好きだったというだろう。だが、ヨーコはビートルズをジョンとの間に立ちはだかる邪魔者と感じていた。ヨーコがクサビになるんじゃないかと感じていたが現実にそうなった。だからといって解散の全責任を彼女に追わせるのはフェアじゃない。いずれにせよ私たちはビートルズの活動にうんざりしていた。みんな、自分の道を歩み始めていた。ヨーコはその触媒に過ぎなかった。当時は彼女がいることが煩わしかったけど、私は以降のビートルズの経過に全く後悔していない。

私の作風

1968 年 1 月、私はボンベイで *the film Wonderwall*（ザ・フィルム・ワンダーウォール）のサウンドトラックを作っていた。60 年代のヒッピー映画だった。監督のマソットから作ってくれれば何でも使うと言われた。しごく単純な話に聞こえたのでインド音楽のアンソロジーを作ってみよう。もしかしたらヒッピーの何人かはインド音楽に興味を持ってくれるかもしれないと思った。

60 年代初期にヒット・シングルを出した人は、必ず次のレコードも出来るだけ同じようなサウンドにしようと心がけていた。だが、ビートルズは違っていた。いつも違うものを作ろうとしていた。月単位であらゆる方向に変化していたから、前作と似たような新作を出す可能性は全くなかった。

そうした 4 人の作風の中で私自身は中国の古典 *I Ching*（イーチン、易経）が頭にあった。西洋では偶然は " たまたま起きるもの " であるが、東洋では " すべての出来事は起こるべくして起こる、偶然はない——どんな小さなことにも目的がある " と考える。*WHILE MY GUITAR GENTLY WEEPS*（ホワイル・マイ・ギター・ジェントリー・ウイープス）はウォリントンの母の家で書いた。私は身近にある本を開いて、最初に目に入った章句をもとにして曲を書こうと決めた。“gently weeps” という言葉が目に入った。そして再び本を閉じて曲を書き始めた。この曲をレコーディングしようとジョンとポールたちに持ちかけたが、ふたりは普段から効率よく制作することに慣れているので、まだその段階でないと思ったのか真剣に取り合ってくれず、演奏さえしてくれなかった。次の日、友人のエリック・クラプトンにスタジオに来て曲作りを手伝ってくれと頼んだ。エリックはビートルズの曲作りに割り込むことになると言って逃げていたが、私はどうしてもと引っ張り込んだ。そしたらみんなが途端にやる気になった。*LET IT BE* の場合と同じだった。曲作りの途中で言い争いが続いていたがビリー・プレストンが参加してからはみんな冷静になれた。

ビートルズとして創作を続けていく中で私たちは信じられないことを体験した。すばらしい服、サイケデリックな自動車、家、すべてを手に入れた。だがテーマは *'ALL YOU NEED IS LOVE'*（愛こそすべて）とか *'REVOLUTION'*（非暴力革命）とした作品ばかりだった。人々は——人々がはめ込まれているちっぽけな型——からドロップ・アウトせよという精神だった。同時に人々は——おさまりきれない人——におびえ、変人や狂人扱いして追いやってしまう。私たちはタブロイド新聞、安っぽい記事を超越した。同時に、無難でつまらない馴れ合いの日常から一生抜け出せないでもいる。誰もがビートルズという大きな流れに乗ろうとした。迷惑だったことも沢山あった。警察も、プロモーターも、市長も―そして殺人者も。誰もが自分やいろんなことをビートルズに結びつけた。

語り手——————————リンゴ・スター

リシケシュ

2週間の滞在だったが、マハリシのセミナーを受けたり、瞑想したり、すごく刺激的だった。だがモーリーンはハエや蛾が超苦手だった。私たち2人の日常からは考えられない生活だった。リシケシュはいい体験だった。ただ、私たち2人は他の3人ほど長続きしなかった。

車に乗っている時、たまに目を閉じて瞑想することがある——大丈夫、車は運転手がしているから！　冗談、冗談。

HEY JUDE

今やクラシックになった。あのレコーディングはいい感じだった。ちゃんとしたのを録ろうとして2回演奏した。そして、いつものようにすごくヒットした。なるべくしてクラシックになったという感じだった。

ヨーコ

ヨーコの登場は緊張を生んだ。4人は他人からの干渉が嫌いだった。ジョンを除いてヨーコは他人だった。スタジオは私たちだけがいる場所だった。そうやってうまくやって来た。3人は冷静を装って、そのことを口に出さないようにした。そして、どういうことなのかジョンに問いかけた。“どのセッションでも必ずヨーコがいるじゃないか”。ジョンはきっぱりと言った。“リンゴは家に帰ったらモーリーンに1日の出来事を話すだろ。今日のスタジオは仕事がはかどったとか。だが私とヨーコには二度手間なんだ。ふたりともいつ何時でも、何があったか全部知っているんだ”と言った。実際、ふたりは片時も離れていなかった。そういえば私がバーバラと新婚の頃は一部始終を話していた。ジョンと話したことで気が晴れ、それからはヨーコがいても気にならなくなった。

私の作風

自分たちがやっていることが行きすぎだと思ったことは一度もない。実際、実生活でも危なっかしいことは何一つやっていない。音楽では逆回転テープとかそういうものを取り入れたから急進的だったかもしれない。ましてや私たちは暴力的な人間ではなかった。そんなグループのなかで私はドラムがうまくないし、他の3人から浮いていると感じていたのでグループを離れた。ジョン、ポール、ジョージに私の心中を話したら３人とも私の気持ちと同じことを私に返してきた。私はジョージに休暇を取ると言って子どもたちを連れてサルジニアへ行った。

そうして私はサルジニアで *OCTOPUS'S GARDEN*（オクトパス・ガーデン）を書いた。その日はピーター・セラーズ（俳優）から借りたヨットで１日海に出ていた。デッキに出ていたらキャプテンがタコの話をしてくれた。タコは巣穴に住んでいて、光る石やブリキ缶や瓶を探して海底を動き回り、それを自分の家の庭を飾るように巣穴の前に置いて行くんだそうだ。素敵だと思った。私も海に潜りたいと思った。ギターを弾いた。こうしてオクトパス・ガーデンが出来た。すばらしい休暇だった。私は、他の３人と話して誰の心にも傷があることを知った。"君は世界一のロックン・ロール・ドラマーだ。帰っておいでよ。僕たちは君を愛している"という電報が届いていた。そして私は戻った。

それから *DON'T PASS ME BY*（ドント・パス・ミー・バイ）は家で何気なくピアノを叩いていた。そんな時メロディーと言葉が浮かんだから、続けるしかない。ただ一人家にいたら *DON'T PASS ME BY* が生まれた。自分で書いた初めての作品が出来上がった時はすごく感激した。私たちは、この曲をカントリー風に演奏した。みんなほんとによく助けてくれた。

第9章
ビートルズ　4人の旅立ち

“一番大きかったのは４人がそれぞれ自分の人生を生きたいと望んだことだろう。それまでの４人は常にグループのことを考えなければならなかった。”

ジョージ・マーティン

語り手――――――――――――――ニール・アスピノール

1969～1970年

各自はアーティストとして成長が著しくグループとしての４人と併せて個別の創作活動もおこなうようになっていた。やがてビートルズの枠内で収まることが困難となり各自の道を歩むことになった。

1969年

１月、レノンはマルクス主義雑誌 *Black Dwarf*（ブラック･ドゥオーフ：黒い小人）からの *REVOLUTION*（レボリューション：非暴力・革命）の歌詞が日和見・反革命的であるとの非難に対して、自分は *REVOLUTION* で表現している通り非暴力の平和革命論者であると反論した。ロンドンのトゥイッケナム・スタジオ（Twickenham Studios）

でアルバム *LET IT BE*（レット・イット・ビー）を含むレコード制作過程の一部始終を映画撮影しようという試みが始まった。だが同所での撮影は同月 15 日には中止されサビル・ロウのアップル・ビルに移った。撮影の進行は当時の 4 人の関係をそのままを映し出すことになった。30 日、仕上げのシーン撮影ためにアップル屋上でコンサートを強行した。2 月に入って、ジョン、ジョージとリンゴはアップル・ブティックの整理を含めて乱脈なビートルズのマネジメントを立て直すためにアメリカからアレン・クラインを招こうとした。だがポールは反対しイーストマンとイーストマン・コンサルトを据えることを主張し、ビートルズ内にマネジメントについての対立が生じた。2 月 2 日から 5 月 3 日までリンゴはピーター・セラーズ（英・俳優）と映画 *The Magic Christian*（ザ・マジック・クリスチャン）の撮影に加わった。22 日と 25 日にアルバム *ABBEY ROAD*（アビー・ロード）のレコーディングがあった。3 月 20 日ジョンとヨーコがジブラルタルで結婚式を挙げた。そして 25 日から 31 日までアムステルダムのヒルトン・ホテルで平和を希求するための‘ベッド・イン’を続けた。4 月 11 日、イギリスで *GET BACK*（ゲット・バック）が発売された。14 日にジョンとヨーコは *The Ballad of John and Yoko*（ジョンとヨーコのバラッド）をレコーディングし、21 日に 2 人はバッグ・プロダクションを作った。23 日から *GET BACK*（ゲット・バック）はイギリスでアルバム 3 週間、シングル 7 週間、トップに立った。4 月から 5 月にかけてジョージは *SOMETHING*（サムシング）をレコーディングしシンガー・ソング・ライターの地歩を確立した。5 月 5 日 *GET BACK* がアメリカで発売され、24 日から 5 週間トップに立った。8 日ジョン、ハリスン、リンゴの 3 人はアレン・クラインとマネジメント契約した。25 日から 6 月 2 日までジョンとヨーコはカナダでベッド・インに入り、ジョンはバークレイのピープルズ・パークで学生たちに平和を呼びかけた。その際に警察との摩擦はなかった。*The Ballad of John and Yoko* が 5 月 30 日イギリスで、アメリカでは 6 月 4 日に発売された。

ポールはスコットランドで自動車事故にまきこまれ 7 月 1 日から

4日にかけてのアルバム *ABBEY ROAD* のレコーディングに参加しなかった。8月は飛び石で *ABBEY ROAD* のレコーディングが行われた。9月にイギリス、10月にアメリカで *ABBEY ROAD* が発売された。*COME TOGETHER/SOMETHING*（カム・ツゲザー / サムシング）が10月イギリス、11月アメリカで発売され、アメリカではトップに立ったがイギリスでは4位にとどまった。11月にリンゴがアルバム *Sentimental Journey*（センチメンタル・ジャーニィ）のレコーディングを始めた。11月25日、ビアフラ戦争（アフリカ）とベトナム戦争抗議のために、ジョンはエリザベス女王から直接手渡されたMBE勲章（Member of the British Empire）を返上した。12月ポールは自宅でアルバム *McCartney*（マッカートニー）の制作に取り掛かった。

1970年

1月3日から8日にかけてアルバム *LET IT BE* のレコーディングが行われた。27日ジョンは *Instant Karma*（インスタント・カーマ）を制作した。ジョンとヨーコは率先して反アパルトヘイトと核武装放棄の運動に参加した。6日にジョンの *Instant Karma* がイギリスで発売された。26日アルバム *HEY JUDE* がアメリカで発売された。3月6日英国、11日アメリカでシングル *LET IT BE* が発売されたが英国では2位にとどまり、アメリカでは4月11日から2週間トップにたった。リンゴの *Sentimental Journey* が3月27日英国で発売された。

4月10日、ポールはビートルズからの離脱を表明した。しかしマスコミはビートルズ解散と報道して世界に衝撃を与えた。5月11日アメリカで *THE LONG AND WINDING ROAD*（ザ・ロング・アンド・ワインディング・ロード）が発売され6月13日にトップに立った。2月25日ジョージ27才。6月28日ポール28才。7月7日リンゴ30才。10月9日ジョン30才。12月31日ポールが高等裁判所にビートルズの解散を申し立て、解散が法的に成立した。

シンガー・ソング・ライター；リンゴ

リンゴとジョージ・マーティンでアルバム *Sentimental Journey* を作った。リンゴの歌う曲をリストして、リンゴが歌えるキーに変え、それから気に入ったアレンジャーをずらっと並べた。そして私がアレンジャーたちに電話した。“この曲の中でどれをプロデュースしたい、できたらテープを送ってくれないか？”そしてそのテープにボーカルを加えた。そうやってアルバムが完成した。ちょっとのんびりした感じで、すごく楽しかった。リンゴのやり方があってた。

4人の旅立ち

解散という話が出てきた。何年も一緒にやってきてすばらしいこと、あらゆる経験を共にしてきたので当然、悲しさや不安が伴ってくる。誰にとっても怖いことだった。ポールがアランとの契約を拒んだが、それが直接の解散とはなっていない。ジョンはビートルズよりヨーコとの活動に比重を移していた。それでもみんなと一緒に *ABBEY ROAD* を作った。突然ではなくだんだんとそういう方向へ向かっていった。*ABBEY ROAD* のあと二度と4人一緒に仕事をする姿はなかった。

語り手 ―――――――――――――――――― ジョージ・マーティン

映画・*LET IT BE*

アルバム *LET IT BE* と映画の制作はビートルズが絶えず変革期にあったことの証左だった。“まだ誰も聴いたことのない新鮮な曲をオーディエンスのまえでやってみよう。”すばらしい考えだった。ただし、

２月のイギリスでは野外コンサートは不可能だし、ビートルズ・ファンが入りきれる会場などどこにもなかった。海外のステージを考えたが、結局はどこも除外された。それで映画で表現しようということになった。トイッケナム・フィルム・スタジオでリハーサルを始め、私も参加した。だが衝突が多くて、方向が定まらない。かじ取りがいなかった。お互いが気に入らずケンカばかりしていた。

屋上コンサート

締めくくりのシーンは屋上でコンサートをしようということで決まった。私は屋上で演奏している間、ずっと下にいた。治安妨害でサビル・ロウの警察に連れていかれるんじゃないかと、ひどく心配だった。*LET IT BE* があまりに悲惨な映像だったので屋上コンサートで少し救われた。

ジョージとジョン・ポール

SOMETHING はジョージ独自の初めてのシングルで 10 月（1969）にリリースされた。ジョージがあれほどのものを持っていたと知って驚いた。最高にすばらしい曲だった。ジョンやポールはアイデアをぶっつけあうことで作品を書き上げていった。それをジョージは一人きりでやった。二人と同じレベルに見ていなかった。私は今それを悔やんでいる。

ポールの苦闘

ポールはみんなを仕切ることで、何とか４人をまとめていこうとした。普段から、みんなを動かすのが割とうまかった。だがジョンとジョージはそういうことにうんざりしていた。ジョンの方は更に厄介だった。いつもヨーコが一緒だったし、ひどく遅刻して来たり全然顔を出さなかったりで——すごくぎくしゃくした雰囲気になっていった。

ジョンの流儀

ジョンが望むのは、昔ながらのシンプルで純粋なロックなんだ。ソフトなバラードなら"流れのままやろう"ということだった。ジョンは面と向かって私に言った。"あんたのプロデュースなんていらないよ。これは正直なアルバムにしたいんだ。"どういう意味かと訊いたら"編集はしたくない。オーバーダビングも一切使わない。レコーディングしたものを、そのままいじらずに出す"と言う。ところが、いざ曲にとりかかると、どうもうまく行かない。いつの間にか19テイクになる。43テイク目。いつまでも終わらず——ジョンも私もひどく疲れるだけだった。

4人の旅立ち

解散はいろんな結果が重なった結果だが、一番大きかったのは4人がそれぞれ自分の人生を生きたいと望んだことだろう。4人は常にグループのことを考えなければならなかった。その意味で囚人だった——ついに耐えられなくなったんだろう。普通の人たちのような人生を過ごしたかったと思う。*ABBEY ROAD*が最後のアルバムになるとはっきりわかっていたわけではないが、誰もがそう感じていた。

語り手——————————ジョン・レノン

ツアーをやめてから

朝9時に会社へ行くようにレコードを作っていた。いいセッションなら楽しかったし、退屈なら退屈で仕方なかった。ただの仕事になっていた。プレイするのはレコーディングの時だけになっていたが運動選手と一緒で、いつもやってないと腕が鈍る。何か月もオフにしていきなりスタジオに入る。気分をほぐして、みんなでプレイ出来るようになるまで何日もかかる。ここ数年、音楽的にはまとまっていなかった。いいレコードを作るためのテクニックは身につけたが音楽的には初期ほどまとまっていなかった。全員がそれぞれのやり方を追っていた。

映画・*LET IT BE*

撮影は地獄だった。映画が公開されるといろんな人からヨーコが陰気すぎると不満が出た。あの6週間はこの世で一番悲惨なセッションだった。四六時中カメラが回っていて、どっかへ行ってくれと思っていた。カラーの照明で照らされてカメラで写されていたんだ。*MAGICAL MYSTERY TOUR* と同じだった。要するにポールが私たちを引っ張りだしたかったんだ。ジョージと私はやりたくなかったけど、ポールが何する、あれするこれすると、あれこれ準備した。ただハイ、ハイとくっついていただけだった。もうヨーコはいたし、何もかもどうでもよかった。私が *ACROSS THE UNIVERSE*（アクロス・ザ・ユニヴァース）をやりだしたらポールがあくびしてブギを弾き始めた。もうそんな感じだった。

ビートルズ活動

私たちはもう一緒に曲を書いていない。2年くらい――――たまにちょこっとやるだけで、共同作業といえるものはない。私は私の好きなものをやり、ポールはポールの好きなものをやり、ジョージはジョージの好きなものをやる――リンゴにしても同じだ。アルバムの時間を全員に割り振っている。*OCTOPUS'S GARDEN* はリンゴの曲だが全員で歌っている。アレンジも皆で関わった。*COME TOGETHER* は私の曲だ。ティム・リアリーが何かの選挙に出るからといって頼まれて書いた。苦労した挙句の作品だった。セッションを重ねるたびに変化していった。みんなでやった作品でもある。昔のチャック・ベリーの感じをおぼろげに言葉を入れながら書いた。"Here comes old flat-top" の歌詞をそのまま入れたのがまずかった。影響を受けたことがあると云っただけで法廷に引っ張りだされた。"Here comes old iron-face" とでも変えておけばよかった。

私の表現活動

プラスティック・オノ・バンドは

名前の通り柔軟性を持っていた。ビートルズの場合は観客の大きな期待に応えないといけないが、ヨーコと私だけだから何をしても許された。

金曜（1969. 5.25）の夜に電話が来て、トロントで 10 万人くらいのロックン・ロール・リバイバル・コンサートをやるから来いと言われた。チャック・ベリー、ジェリー・リー・ルイスも出ると言われ、多分ドアーズ中心になるともいわれた。ヨーコと私をキングとクイーンでホストを務めさせるつもりだったらしい。だが、そうはならなかった。クラウスやアラン・ホワイトに電話して一緒にプレイしようと言ったらみんな OK してくれた。ビートルズの場合のようなフォーマットの決まったショーじゃなかった。コンサートの熱狂はすばらしかった。誰もがピース・サインをなげかけながら、私たちの演奏に合わせて飛び跳ねていた。コールド・ターキーはビートルズから出す予定だったが、ビートルズにそのつもりがなかったのでプラスティック・オノであの時初めて演奏した。アンチ・ドラッグの歌だったのにアメリカで放送禁止になって、鳴かず飛ばず（it never go off the ground）になってしまった。

反戦・平和運動

これまでやって来たことと何も違っちゃいない。ずっと平和への意識を持っていた。初期のビートルズの歌にも出ているはずだ。“愛こそすべて”と歌ったのと同じだ。―――私は今、“平和こそすべて”と歌っているだけだ。

金持ちになったか

何百万と稼いでも、私たちの懐（ふところ）には絶対入ってこなかった。ロンドンには大きな会社がいくつもある。そのさまざまな名前の会社に全部あたって、ビートルズとの取引をチェックして金がどこへ行ったか確かめなければならない。同じことをアメリカでもやらなくっちゃならない。

4人の旅立ち

私たちはそれぞれ成長してビートルズでは収まりきれなくなった。私は他のメンバーに前衛的な映画や音楽を押しつけるわけにはいかない。それと同じでポールも自分の好きなものを私に押し付けるわけにはいかない。今まで学校を卒業したことがなかったが、私たちは学校を卒業したんだ。共通の目標もなくなった。それぞれの人生を生きていかなければならなくなった。例えば、アルバムにコンセプトは必要ないが私で、ポールは逆だ。みんなすばらしい夢を持っていた。だが決して夢の通りにはならない。みんなが思っていたような状況になったことは一度もない。夢は終わった。とにかくこの流れに従っていくしかない。どんなことでも、時々なら楽しめる。このまま続けたら時々楽しいことはあるだろう。だがもっとひどいことになる可能性もある。50になってまで *SHE LOVES YOU* なんか歌えない。

それでアラン・クラインやエリック・クラプトンやクラウスにビートルズをやめると言った。トロントに向かうときもいろんな人間に言った。アランは“まあ落ち着いておちついて”と言った。ビジネス面でいろいろやらなければならないことが出てくるから時期的にまずかったんだろう。ポールはまだ、あれをやろう、これをやろうと言っていた。私はポールにノーを繰り返さなくてはならなかった。どういう意味かと言われた。このグループを仕舞おう。私はやめると言った。私が始めたバンドを私が終わらせた。そういう単純なことだ。ツアーをやめた時からビートルズから離れるという「自由」に目が向き始めていた。そしてついに3人に言う勇気が湧いて出た。自然な成り行きだった、別に大惨事が起きたわけじゃない。

語り手 ——————————— ポール・マッカートニー

映画・*LET IT BE*

1969年1月　トイッケナム・スタジオで*LET IT BE*にとりかかった。ビートルズを長いこと一緒にやっているうちに私たちの関係もピリピリした感じになっていた。みんな、入れ物全体に亀裂が入り始めていたのを感じていた。撮影はバンドというものが、どういうふうに分裂していくか見せることになった。ほんとに解散するとは、その渦中にいる時には気が付かなかった。1月10日だったと思う、私が何かを提案したんだがジョージの気に入らなくてひどくやり合った。ジョージはジョンにもリンゴにも私にも何も言わないで出ていった。ケンカは珍しくなかったので昼飯には帰ってくると思っていたら、そのまま帰って来なかった。私も私自身がどんな態度をとっていたか分かっていなかった。

ジョージが抜けた後、ジョンの家でミーティングした。ジョンが“エリックを入れよう”と言った。半分冗談だっただけど。“ちょっと待ってくれ、そんなこと許されない”と私たちは思った。

屋上コンサート

映画のエンディングにふさわしい素材を探していた。それで屋上でコンサートをやったらどうかという意見が出た。そうすればみんなすぐ家に帰れる。誰が言い出したかよく覚えていない。私がよく考えずに口にしたような気がするが、はっきり言えない。ほんとうにおもしろかった。向かいのビルの屋上にテレビ番組*Ready Steady Go!*（レディ・ステディ・ゴウ）のヴィッキー・ウィッカム（Vicki Wickham）がいたのを覚えている。彼女が友だち数人と一緒にそこにいて、隣のビルの弁護士事務所の秘書たちも向かいの屋上に上がって見ていた。ヴィッキーとあと数人しかいない観客と空に向かって演奏した。下の通りでは都会の紳士たちが‘何の音なんだ’という表情で見上げていたそうだ。マルが画面に映らないように上がってきて警察が文句を言ってきていると報告を上げてきた。それで“やめない”と返事したら、“逮捕する”と言ってきた。“映画の締めくくりにちょうどいい”それでいこうとなった。みんなノリにノっていてテンポよく、しかもしぶとくやり続けていた。逮捕されるつもりでいたらプラグのコードを抜かれてしまって映画は終わりになってしまった。

屋上コンサートのあとのミーティング

“昔のように小さなギグをやらないか。大きいことをやりたければ、またあらためて計画を練ればいいじゃないか”と私は言うつもりでいた。ところがミーティングの前の晩にジョンがアラン・クラインをジョンの代理人にしたと言ってきた。理由はヨーコが気に入ったのはアラン・クラインだけだったということだった。

反戦・平和運動

レコーディング・スタジオに誰かが訪ねてきた。誰だいと訊くと“平和がどうのこうのって言っている、どっかの馬鹿だよ”って。平和について語る人間は馬鹿っていうことになっていて、まともに取り合ってもらえない。ジョンとヨーコがベッド・インやって“これは平和のためだ”と言った時も同じだ。だが、みんなの目を向けさせるための、すばらしい方法だった。

金持ちになったのか

“私は大金持ちなのか”と会計士に訊くと“書面上はそうです“とか、いつもわけのわからない答えが返ってくる。”金持ちか、金持ちじゃないのか、もう銀行には何百万以上のお金が入っているのか”についても、“私どもの考えでは”と言って、あとは私にはわからない言葉が続いてくる。会計士というのは絶対に成功した気分を味わせてくれない。

ジョージの才能

ジョージの *SOMETHING* は突然現れたという感じだった。メロディー、構成ともにすばらしい。ジョージは私のベース・プレイを懲りすぎと思ったかもしれないが曲を引き立たせようと思ってのことだった。*HERE COMES THE SUN, WHILE MY GUITAR GENTLY WEEPS* と合わせてジョージのベスト3だ。ビートルズの曲といえばレノン・マッカートニーばかりと思われていたのだからジョージが曲を仕上げるのは大変だったろうと思う。フランク・シナトラはいまだに *SOMETHING* をジョン・ポールの曲と紹介しているらしい。

私の表現活動

こう思った。ビートルズはもうレコードを作らない。だが私は音楽業界を離れた仕事は出来ない。そんなおとなしい人間じゃない。でもビートルズにいなければ何の値打ちもないのじゃないか。スコットランドにある自分の農場にひきこもった。ほとんど髭も剃らず飲んでばかりいた。普段は休みのときくらいしか行かないのだが、結局丸1年いることになった。幸せなことに妻がわかっていてくれた。"あなたの才能を信じなさい。今はビートルズのことでショックを受けているだけ。"ようやくこう思った。レコードを作ろう。一番シンプルな方法だった。レコーディング機材はあった。新しいバンドを組もうと思った。

4人の旅立ち

リンゴは"いいから指示を出してくれ"と言ってくれたが、やはりやっちゃいけないことだとわかってきた。私はみんなに"もう一度、規模の小さいギグに戻るべきだ、私たちは最高のバンドじゃないか。私たちの基になっている根っこを見つけるべきじゃないか。そうすればこの先またどう変わっていくかわからないじゃないか。"と言った。"これ以上何が出来る""少し落ち着いて、もうちょっと普通の生活をしよう"とね。だがジョンはもう仕事の上でもヨーコと一体だったので、きっぱりとビートルズをやめると言った。

電話をかけてコミュニケーションを絶やさないようにしていたが、私はクラインをマネージャーにするかどうかで3人と対立していた。同時にアルバム・マッカートニー（*the Album McCarteny*）のレコーディングにかかっていた。そしてその頃"そろそろ世間に話すべきじゃないか"といった。すると3人はそろって"解散なんて誰にも言っちゃだめだ"という。クラインがかなり噛んでいたんじゃないかな。

そもそもアルバム発表でのインタビューは受けたくなかった。だが用意されていたメモに「ビートルズは事実上解散しているんですか」という項目があった。存続させようとする時期は過ぎていたので、それぞれ別の道を行きますと答えた。私がビートルズをやめたんじゃない。ビートルズがビートルズであることをやめたんだ。誰も解散のことは自分から言い出したくなかった。パーティーは終わった。

それで本当におしまいになった。

語り手 ——————————— ジョージ・ハリスン

映画・*LET IT BE*

1968 年最後の数カ月は、ジャッキー・ロマックスのアルバム・プロデュースをして、ボブ・ディランやザ・バンドとウッドストック（米国）で楽しく過ごしていた。そしたらニールから“帰ってこい”と連絡がはいった。冬のトゥイッケナムに戻ってビートルズと欲求不満の日々を過ごすのは不健康かつ不幸なことだった。やはりくだらない駆け引きばかりだった。ある日ポールと私でケンカになったのがそのまま映画に出てきた。“そういう弾き方をしないでくれ”“私に弾くなと言うんなら一切弾かないよ”“もう脱ける”それでギター持って家に帰り、その日の午後に ‘Wha Wha’ を書いた。

最初に映画・*LET IT BE* のアイデアを出したのはポールだったと思う。——新曲を何曲かリハーサルして、それからどこかいい会場を選んでコンサートをやり、その場でレコーディングをする。曲を覚えたらオーバーダビングを繰り返したりしないでレコーディングしようというものだった。つまりライブ・アルバム（do a live album）だった。実際には *LET IT BE* はリハーサルしている私たちの映画になった。

屋上コンサート

ライブ・コンサートのアイデアは屋上で解決ということになった。私たちが演奏を始めたらどんなことになるか楽しみだった。警察とかいろんな人がやってきて“あんなことやっていいのか、早くやめさせろ”と言っていた。4～5曲やった。電源を切られなければもっとやったかもしれない。でも、あれで十分だった。

ビートルズ活動

WHITE ALBUM のレコーディングでは全員が違うスタジオで違うものを仕上げていた時期があった。私もあいているスタジオで *SOMETHING* を書いた。5音の範囲だからたいていのシンガーが無理なく歌える。頭の中でレイ・チャールズが歌うのが聴こえた。数年後、レイ・チャールズが歌ってくれた。フランク・シナトラがカバーしてくれたが、時間がたった今になってから値打ちがわかって来た。スモーキー・ロビンソンやジェイムズ・ブラウンも歌ってくれたのは当時も今も嬉しかった。いつだったかマイケル・ジャクソンと BBC のインタビュー番組で一緒になったらレノン・マッカートニーの曲だと思っていたと言っていた。

私の表現活動

解散前後を振り返ると

Here Comes The Sun（ヒア・カム・ザ・サン、recorded,July.1969）

庭をぶらつきながらを書いた。イギリスの冬は永遠に続くみたいに感じられる。だから春が来るとそのありがたみがわかる。友だちの家に遊びに行った時に春を感じた。

I Me Mine（アイ・ミー・マイン、recorded, Jan.1970）
小さな“私”がこの大きな“私”に溶け合った時、本当に自分の目の前が開けてくる。（when the little 'i' merges into the big 'i' then you are really smiling!）

ジョンからのさそい

プラスティック・オノ・バンドが９月にトロントへ行った時、実はジョンからバンドに加わってくれと言われていたが断った。前衛バンドに加わる気にならなかった。だが解散前のかなりの時間みんなビートルズ以外のレコードをやってたから、スタジオで幅広く仲間が出来ていた。ジョンも急ごしらえだったがかなりのメンバーをバンドに誘ってよい結果を出したようだった。
１月（1970年）のある朝、ジョンが電話してきた。“1曲書いた。今夜レコーディングしプレスして明日出す――なにしろ題目が*Instant Karma*なんだ”。４人だけのセッションだった。ジョンがピアノ、私がアコースティック・ギター、ベースがKlaus Voormann（クラウス・フォアマン）、ドラムがAlan White（アラン・ホワイト）だった。直ちにミキシングして、その週のうちにリリースされた。

反戦・平和運動

平和を広めるというジョンのアイデアと実行に大賛成だ。意外ではなかった。ヨーコと一緒だし、ジョンにとっては楽しかったと思う。

金持になったか

億万長者になるかもしれんが、くだらん、どうせ死ぬんだ。だが人生の目的を見つけようとする努力は出来る。

4人の旅立ち

スタートしたころのビートルズは若い私たちに可能性を与えてくれた。それが息苦しいものに変わり制約が多くなりすぎた。もうやめるべき時期に来ていた。私はヒマラヤへ行きたかったし、他のミュージシャンともプレイしたかった。ビートルズ以外の友達も沢山出来ていた。他のメンバーも同じだった。ビートルズは一つの機関になってしまっていた。だから外の人間はマスコミを除いて誰もビートルズを壊したくなかった。世間の人たちはまだレコードを出してほしいと思っていたがマスコミは勘付いていた。ポールは自宅でソロ・アルバムを作り始めていたし、ジョンはプラスチック・オノ・バンドに時間の多くを割いていた。私たち4人の人生はビートルズの枠を越えてもっと違う分野まで広がっていった。全員がもっと広いスペースを必要としていた。世界中でヒットを出したバンドであったが、それでもすごく狭い場所になった。私たちが解散した理由はどんな人にも当てはまるものだと思う。

ABBEY ROAD の制作途中では最後のレコードになるとは思っていなかったが、近づいているとは感じていた。解散からもう25年経つが、あのバンドに戻りたいと思うことはなかった。

語り手 ―――――――――――――――――― リンゴ・スター

映画・*LET IT BE*

撮影中はメチャクチャなジャムばかりしていたような気がした。その頃にはジョージはどんどん曲を書くようになっていた。だからポールにあれこれ命令されるのを嫌がるようになっていた。この曲は自分が書いたんだから自分の好きなようにやる。それでジョージが抜けてしまった。それでは困るので３人でジョージの家に行った。私たちは“君がいなければ活動出来ない”と説得し戻ってもらった。私たちは私たち自身に嫌気がさしていた。人生のことでもなんのことでもカッカして言い合いばかりしていた。

屋上コンサート

映画のどこかでライブをやろうというプランがあった。どこでやろうか“ああ、パラディアムかサハラ砂漠か”だがいろんなものを全部持っていかなくてはならないから屋上でやろうと決まった。マルとニールが屋上に機材を準備してくれた。寒いし風は強いし湿っぽいし、だが近所のオフィスで働いている人たちはすごく喜んでくれた。まもなく警察がやって来た。逮捕・連行してほしかった。シンバルとかいろんなものを蹴飛ばしたりしてすごい見せ場になると思った。だが屋上へ来て“音を下げろ”と偉そうに言っただけだった。警察にはがっかりさせられた。

ビートルズ活動

雰囲気がよくなったのは、やってた曲がよかったからだ。いいものをやる時はそうだ。くだらないことはみんな窓の外に飛んで行ってしまう。*GET BACK* は気合の入る曲だとすぐ思った。*DON'T LET ME DOWN* もそうだった。この２曲はすごくいい。シンプルで荒削りで――基本に戻った感じだ。私たちがノッてる時は、それがそのままレコードに現れている。*DON'T LET ME DOWN* には私の作ったPhrase（フレーズ）も入っていて後でコピーされた。私の作った *Back Off Boogaloo*（バック・オフ・ブーガルー）だ。大丈夫、私の許可を得ているから。最後にレコーディングされたのは *ABBEY ROAD* だったが *LET IT BE* が最後のアルバムとして出された。あの映画を私が編集したらはるかに面白いものになっていたはずだ。*The Ballad of John And Yoko* の制作に参加したのはポールだけだったし、*Why Don't We Do It on the Road*（ホワイ・ドント・ウイ・ドゥ・イット・オン・ザ・ロード）はポールと私だけだった。なんの問題もなかった。

私の表現活動

2月（1969年）にピーター・セラーズ（Peter Sellers）と *TheMagic Christian* の撮影に入った。Terry Southern の小説を読み、二人でいっしょにやろうと思って、ピーターの門を叩いた。“この映画を作ろう”と意気投合した。Peter Sellers のことだから電話を3本かけただけで資金が集まり、すぐ撮影にかかった。ジョンはヨーコと付き合っていたし、私は映画をやっていた。私たちは違う方向へ進み始めていることがはっきりしていた。ビートルズへ向けるエネルギーは弱まっていた。4人とも他にやることが出来ていて、エネルギーが分散してきた。ジョンはヨーコとの付き合い始めからはグループを抜けていたんじゃないかな、もっと言えば、60年代半ばからそうだったのかもしれない。ポールはワーカホリック（workhoric or Beatleahoric）かな。ジョンと私は Weybridge（ウェイブリッジ）で近所だったからしょっちゅう行き来していて楽しく過ごしていた。そこへ電話がかかってくる。必ずポールなんだ。“オーイみんな、そろそろスタジオへ帰って仕事をしようよ”ところが“今は休日をとっているんだ、休ませてくれよ”“ダメダ、もう始めよう”こんな繰り返しが60年代終わりまで繰り返され続いていた。

反戦・平和運動

アバン・ギャルド（超前衛）って感じだった。袋に入ったジョンとヨーコがテレビに出てきて“私たちのイメージではなく、あなたの知らない私たちに話しかけてください”って。二人だからこその訴えかけだった。

4人の旅立ち

ABBEY ROAD があるからビートルズを続けていた。実際には4人とも、もう自分の道を進み始めていた。解散はヨーコとリンダ（ポール夫人）のせいではない。4人の方向づけがレコード制作に現れていた。くだらない個人レベルの問題は関係ない。ジョージの *SOMETHING* と *WHILE MY GUITAR GENTLY WEEPS* はジョンとポールが書いた曲にも引けを取らない作品だった。おもしろいもので、ジョージが前に出てくると同時に、私たちは解散に向かった。何年も何カ月もみじめな日々が続いて、ついに耐え切れなくなくなる。それでようやく口にする“もういい、もう終わらせよう”解散という言葉を言ってしまったら、ほっとした。*STRAWBERRY FIELDS FOREVER* が1位にならなかったときと同じ位の安堵感だった。私はあの日フラフラと家に帰ってその後は覚えていない。その後しばらくして、これからどうしようかと思っていた。ポールがソロでのアルバム McCartney を出して、記者会見でアルバムと一緒に“ビートルズは終わった”ときっぱりといった。公表するのはいつもポールだった。

ポールはいろんなことを利用するのがうまい。解散についても1970年4月10日“私のアルバムを出します。ついでながらビートルズは解散したんです”と記者会見した。あの時ジョンが怒ったのはそうしたポールのやり方だ。“待ってくれ、私はとっくに抜けているんだ、ポールが最初に脱退したみたいじゃないか”とジョンは自分で言いたかった。言うにせよ、言わないにせよ自分で決めたかったんだ。The Plastic Ono band's がトロントでデビューした後で4人はサビル・ロウでミーティングした。ジョンがはっきり切り出した。“終わりにしよう”。それで全員“イエス”といった。顔をそろえた時、これで終わりだなと全員わかっていた。ケンカしてた訳じゃない。とげとげしいムードではなかった。“もう十分だ”“私はこっちがやりたい”そういうことだった。

付説・作品点描

旅立ちにみる各々の心象

　ビートルズ活動と各々の活動が併行していた。各自を表すと思われる作品を挙げてみたい

ジョン

REVOLUTION　　　*非暴力・革命*

John Lennon and Paul McCartney

（レコーディング：1968年7月、英国発売：1968年8月、米国発売：1968年8月）

革命は不可避だと君はいう
それはわかる
世界を変えなければならないと君はいう
革命は進歩だと君はいう
それもわかる
私たちは世界を変えなければならない
だが君は破壊から始まるという
私は破壊に加担出来ない
進歩に破壊は無用だ
無用だ　必要ない

解決策を見つけたと君はいう
そうかい
是非、その解決策を聞かせてくれ
そのために私に協力しろという
それはいいんだが
何をするんだい私たちに出来ることかい

恨みを晴らすためにカネを用意するつもりはない
君に言いたいのはもう一呼吸、様子を見てみようということだ
待ってはいられないと思っているのではないかい
大丈夫だよ、道はある

世の中の仕組みを変えてやると君はいう
いいかい君

君の視点を変えてみよう
君の言う世の中を見てみよう
いいかい
世の中を決めつけない方がいい
毛沢東ばかりにこだわってはだめだよ
それで世の中に救いがもたらせるかい
大丈夫、世の中に救いがおとずれるよ
みんなを信じよう、道はある

ポール

GET BACK　　*ビートルズに帰ろう*

John Lennon　and　Paul McCartney

（レコーディング：1969 年 2 月、英国発売：1969 年 4 月、米国発売：1969 年 5 月）

ジョジョは自分を孤独と思っていた
だがそうではなかった
それでアリゾナ州ツーソンへ向かった
カリフォルニアのマリファナが欲しかった

やめとこう　やめとけ
もとの自分を思いだせ
もとの自分　少し前の自分
もとの自分を思い出せ

ロレッタ・マーティンは自分を女だと思いたかった
だがとどのつまりは男だった
お仲間がロレッタはそのうち分かるさと云っている
だがロッレッタは今しか分からない

まずい　もとにもどろう
本当の君に帰れ
帰ろう　帰れよ
本当の君に

ジョージ

SOMETHING　*彼女に畏敬（いけい）*

George Harrison

（レコーディング：1969年8月、英国発売：1969年9月、米国発売：1969年10月）

彼女の立ち振る舞いが私をとらえる
彼女は際立っている
私を虜（とりこ）にする彼女の何か
彼女から遠ざかることができない
私は今のままでよい

彼女は自分の笑顔を知っている
あの笑顔は際立っている
身のこなしが私の目をとらえる
彼女から遠ざかることが出来ない

どうすることも出来ない

今以上に私の思いは募るのだろうか
わからない　なにも考えられない
そばで見ていれば分かるかかも知れない
私にはわからない　何も考えられない

彼女は自分自身をを心得ている
私は彼女のこと以外は考えられない
彼女の何かが私に問いかける
私は彼女のそばにいるだけだ
今はそれだけだ

リンゴ

OCTOPUS'S GARDEN　　*ブルーの世界・自由*

Richard Starky

（レコーディング：1969年7月、英国発売：1969年9月、米国発売：1969年10月）

海の底に行きたい
日差しをよけたタコ君の庭先だ
タコ君は私を歓迎してくれた
日差しを避けたブルーの世界だ
友だちを呼んで
タコ君の庭で談笑したい

海底のブルーの世界に居たい
日差しの当たらないタコ君の庭だ

嵐を避けた穏やかさの中に居たい
波の下の隠れ家にぼくたちは居る

海底に枕を並べて横になる
タコ君の巣穴のそばの庭先に居る
僕たちは歌ってダンスして楽しんでいる
誰にも見つけられない秘密の場所だ

海の底へ行きたい
日差しを避けたタコ君の庭先だ

思い切り叫んで泳ぎまくる
波の下のサンゴ礁があるところだ
女の子も男の子も思いっきり楽しめる
思いっきり安全で楽しい
君も僕も思いっきり幸せだ
僕たちの自由に文句はつかない

海の底に居たい
タコ君の庭先で君と一緒に居たい

終 章
私のビートルズ

“ビートルズは労働者階級の生れで、ワーキングクラスであり続けた初めてのシンガーだった。ワーキングクラスであると堂々と言い、イギリスでは見下される発音も改めようとしなかった。変わったのは私たちのイメージだけだった。”

ジョン・レノン

語り手――――――――――――ニール・アスピノール

ビートルズとの一番の思い出は、笑いにあふれた楽屋――他には誰もいない。私たちだけでジョークを言い合っていた時間。ほんとに大したことじゃなかった。最高だった。私たちは笑いを楽しんでいた。

語り手――――――――――――ジョージ・マーティン

ビートルズとは、とても多くのことをくぐり抜け長い間一緒にやって来た。10年近くも一緒に閉じ込められてきたんだ。ビートルズがあれだけ長く続いたこと自体、私には意外だった。だから4人が解散しても、全く驚きはなかった。全員がそれぞれの道を進みたいと望んだのだから――私もそうだった。私もあれで解放されたんだ。

語り手――――――――――――――――――――――――――ジョン・レノン

ビートルズは終わった。今でもアイツらを愛している。アイツらが私の人生のあの部分を占めていたというのは永遠に変わらない。始めたのはポールが 15、私が 16 の時からだ。汚らしい部屋から最高級の部屋まで、信じられないような状況をくぐり抜けてきた。4 人の人間が何年も何年も一緒に過ごすというのは大変なことだ。罵詈雑言（ばりぞうごん）を言い合ったり殴り合いもした。恥さらしな真似もいろいろやらかした。すべてすんだことさ。まあ他人を傷つけたこともあったかもしれない。それがなきゃ、何一つ残念に思うことはなかっただろう。

不思議な気がする。あの中に自分がいた。自分たちを台風の目と呼んでいた。ど真ん中の方が穏やかだったんだ。アメリカやイギリスのマスコミに出る何年も前から私たちは組んでいた。そしてエプスタインが死に、みんなビジネスがらみでうるさく言ってきた。それで私たちはついに押しつぶされた。互いにアラさがしもするようになる。もう魔力を生み出すことも出来ない。そういうとこまで来てしまった。

私の友達はビートルズだけだった。身近な存在はあの 3 人のメンバーだけだった。時々懐かしくなるのは、瞬（まばた）き一つしただけで、ちょっと音を出しただけで、全員にパッと伝わる、あの感じ。つぎつぎとアドリブをやっていける雰囲気だった。

語り手 ―――――――――――――― ポール・マッカートニー

ビートルマニアのすべてを内側から見ていたのは私たち4人だけだ。永遠に結ばれている。ビートルズは常に偉大でちっぽけなバンドだった。私たちは、いつも自分たちにすごく忠実だった。売れるかどうかよりも表現したいことを表現することに徹した。表現したい曲は表現しなければならない曲だった。

語り手 ――――――――――――――――― ジョージ・ハリスン

すべては変わり続け、常にバランスが保たれている。ビートルズについても一番いい部分を受け入れたら、悪い部分もくぐりぬけなければならない。世間の人の何倍もの密度だった。迷っているままでも学ばなければすべてが無駄になる。ビートルズの年月を経て私たちには強い絆が出来た。曲は残り、映像も皆残っている。これからも存在し続ける。だがそんなに重要なことではない。人生にはこれから先があるんだ。もしビートルズでなかったら、別な人生を歩んでいたら、どうなったていただろうか。どこにいようと、そこが私のいるべき場所になっていただろう。私はグラマー・スクールであまり勉強しなかった。GCE（教育一般証明試験）に通らなかったから私の人生が終わったわけでもないのと同じだと思う。つまり、いろいろあったけど過ぎた話になった。今じゃいい友達になっている。時間がたてば過去のことも理解できるようになる。当時のことを話していると、変な状況だったんだなとつくづく感じる。この世の人生はちっぽけな芝居に過ぎない。だがその芝居で私たちはビートルズ・ファンに希望を与えたと思う。前向きな考え方を伝えたと思う。自分の主は自分自身であり、誰にも何者にも支配されていない。私たちの歌にはそういうメッセージを込めたつもりだった。そして私の最高の曲はこれから書く曲だ。永遠にその曲を書くことが出来なくても、それはそれでいいんだ。

語り手 ―――――――――――――――― リンゴ・スター

解散と同時に私はRichard Starkeyに戻るのか。あり得ない。私たち、それぞれがあのグループのことを引きずっている。私たちがすごく仲のいい友だちであることは変わっていない。すばらしいロック・バンドだった。いい曲をたくさん作り、今もそれは残っている。リバプールのちっぽけなバンドだった。いまだに不思議なのは、ドゴールとかフルシチョッフとか、ああいった世界のリーダーが私たちを目の敵にしていたことだ。いまだに理解できない。今にして思うのは、後悔とは別に、「私たちが力を合わせればもっと強くなれて、もっといろんなんことが出来たかもしれない」ということだ。だが最高の時はいくらでもあった。グラスゴー（Glasgow）でギグやった時も――あの時はバンドと聴き手（audience）の間に、ほんとうのコミュニケーションというやつが生まれていた。1963年か64年だったと思う。スタジオのギグでもあった。バンドでプレイするのが好きだった。いろんなことが出来た。4人が一緒にいると魔法のような感覚があった。テレパシーというか、なんというか――表現のしようのない、全員の心臓が一緒に動いている。60、70、80年代を経てここまでこれたことを神に感謝している。痛みを伴わない成長はないというけど、ほんとうはドアを通っていけるのに壁に何度も頭をぶっつけることがあるだろう。だが、その答えは見つからなかった。わかったというのは傲慢だと思う。

3人は一番の親友だった。私は一人っ子だったから、いっぺんに3人兄弟が出来たようなもんだった。ホテルの中でワンフロア貸切だったけれど、結局一つの部屋に集まってしまう。一緒にいたかったのさ。あの頃はつねにプレシャーがあった。私たちは互いに正直で、音楽に対しても正直だった。私たちの音楽は前向きだった。いろんなことについて書いた。全員が書いた。メッセージの基本、それが人とやさしさだった。

付説・作品点描

祝福・心の平安、ビートルズを送る

ポールの視点からビートルズが４人から離別し、４人もビートルズを離れ各々の道を歩む過程を描いている。自らの苦闘に終止符を打ち、新たな自分に向かう決意を控えめに表現している。

LET IT BE　　　*祝福・心の平安*

John Lennon and Paul Mcartney

（レコーディング：1969 年 1 月、英国発売：1970 年 3 月、米国発売：1970 年 3 月）

行き違いに苦しみあえいでいる時
マリア様がお見えになった
そしてやさしく声をかけて下さった
大変でしたね　お疲れさまでした

暗闇の中に苦しんでいる私に
私の真向かいにお立ちになり
救いのお言葉を授けて下さった
あなたはもう十分苦しみました

目を閉じて　心をおだやかにして
目を閉じて　心をおだやかにして
救いの言葉をいただいた
心を落ち着けなさい

心を痛めている人々
この世界に生きる人々は

やがて分かり合える時が来ます
あるがままに　まかせなさい

人々に　わだかまりがあっても
分かり合える時が来ます
それぞれに理解しあえます
あるがままに　まかせなさい

あるがままに、待っていれば
無理をしないで、待っていれば
やがて分かり合える時が来ます
その時が来ます
心おだやかに　おだやかに
そうです　それでいいのです
救いの言葉です
やがてその時が来ます

夜と雲が重なっている時でも
私に光が差してくるだろう
その光は明日も私を照らしてくれるだろう
心おだやかに

心地よい音色が私を目覚めさせる
マリア様がきてくださって
私を励まして下さる
そのままでいなさい

そのままで、そのままで
そのままで待っていなさい
やがてわかり合える時が来ます
そのままで、あなたは救われます

心を落ち着けて　おだやかに
心を落ち着けて　おだやかに
救いの言葉をくださる
あるがままに　まかせなさい

THE LONG AND WINDING ROAD　ビートルズを送る

John Lennon and Paul McCartney

（レコーディング：1969年1月、英国発売：1970年5月、米国発売：1970年5月）

長くつらい道のりだった
君のもとへたどり着く道だった
その道は決してなくなることはない
その道の先で君にたどりつく
だが、たどり着けないでいつもここに帰ってしまう
私は君のもとへ行きたい

荒れ狂う嵐の夜
大粒の雨がすべてを洗いながしてしまった
涙の雨で満たされてしまった
悲しみのうちに一日を過ごす
どうして私を一人取り残すのか
君のもとへ行く道を教えてほしい

何回　私は一人きりにされたことか
何回　私は涙を流したことか
どうしても　君は私を振り向こうとしない
どんな苦労も私はいとわなかった

私の努力に応えてくれない
苦しい道のりを歩まなければならない

その都度、君は私を置き去りにする
もう、ずっと前から君と離れたままだ
どうしても　ここに私を一人にする
君は　遠くの人になってしまった

また元通りのところへ連れ戻される
長く曲がりくねった道で隔てられる
君は私をここに一人置き去りにする
ずっと前からそうだった
どうしても　私をここに一人にしてしまう
君は　遠くの人になってしまった

あとがき

やっぱりボクたちだった

こんな億万長者、サクセス・ストーリーの主役たちがどうして「ボクたち」なんだと思われたかも知れません。そこで先ず、4人は世の中大半の労働者階級の子弟です。そして各自によれば学業成績はそろってよくない。ここまでだけでも「ボクたち」の仲間です。そしてやって来たロックン・ロールの時代にリトル・リチャード、レイ・チャールズという超大物の黒人ロッカーに魅せられ、さらにエルヴィスもプア・ホワイト（貧困白人）の父と東洋系の血を引く母のもとに生まれた。ロックにのめり込み、人種偏見に捕われない青春を過ごした少年たちだったが学歴や就職という俗界には今一つ溶け込めないでいた。

こうした4人に「天と時代」は「才能と運命」を与えた。すなわちビートルズであった。第二次世界大戦後のヨーロッパ、アメリカ、日本は冷戦下の平和にあった。加えてエレクトロニクス時代が到来していた。時代の若者が欲するもの、それはビートルズそのものが必死で探求し創作したものであった。やがてビートルズの創作は若者だけにとどまらず多様な人々の耳に届き音と詞による束縛からの解放となった。この世界と4人の共通項を、EMIでのジョージ・マーティンとの出会いでデビュー曲を自分たちの主張を通して*LOVE ME DO*にしたこと。間髪を入れず*PLEASE PLEASE ME*を発信したことに見出すことが出来る。以降も「売ること」よりも「表現したい曲」に徹することがビートルズの使命だった。やがて各自がアーティストとして成長し独自の道を志向した時、即ちビートルズが天命を果たし役目を終えた時であった。

富と名声を得た後も、意識と作風は大御所・上流階級を拒み、労働者階級にとどまった。例えば、エルヴィスはロックの野生児から体制的・国民歌手となり、リンゴによればFBIと組んでビートルズ追放を企てた。そのエルヴィスに4人は冷たい視線を送った。それゆえにビートルズはボクたちなのである。

繰り返すが、億万長者のビートルズはご馳走を毎日食べ飽きている。だがボクたちは焼きそばを本当にうまいと思って食べている。ボクたちはビートルズと作品を共有している。もしボクたちが焼きそばを食べられなくなったり、戦争に向かいそうな危機を迎えたら、ジョンの言う非暴力・革命を起こさなければならない。人とやさしさを基本としたビートルズのメッセージをそこに見つけることが出来る。

その後の４人

各自・全員が以下の通り全米チャート首位に到達したことのみにとどめておきます。

ジョン

1974年　*Whatever Gets You Thru The Night*

ポール

1971年　*Uncle Albert / Admiral Halsey* (Paul & Linda McCartney)
1973年　*My Love* (Paul McCartney & Wings)
1974年　*Band On The Run* (Paul McCartney & Wings)

ジョージ

1970年　*My Sweet Lord / Isn't It A Pity*
1973年　*Give Me Love* (Give Me Peace On Earth)

リンゴ

1973年　*Photograph*
1974年　*You're Sixteen*

Billboad No.1 Hit Single 1970 - 1979
http://www007.upp.net.jp/k.-makoto/datastation/music/billboad/single70.h...（2008/06/21）

THE BEATLES original 200 songs

〈1961〉

Cry for A Shadow (Harrison-Lennon) Recorded: 22nd June

〈1962〉

Like Dreamers Do(McCartney-Lennon) Recorded: 1st January
Hello Little Girl(M-L) : 1st January
Love Me Do(M-L) : 6th June
P.S.I Love You(M-L) : 11th September
Please Please Me(M-L) : 26th November
Ask Me Why(M-L) : 26th November

〈1963〉

There's A Place(M-L) Recorded: 11th February
I Saw Her Standing There(M-L) : 11th February
Do You Want To Know A Secret(M-L) : 11th February
Misery(M-L) : 20th February
One After 909(M-L) : 5th March
From Me To You(M-L) : 5th March
Thank You Girl(M-L) : 13th March
I'll Be On My Way(M-L) : 4th April
She Loves You(M-L) : 1st July
I'll Get You(M-L) : 1st July
All My Loving(M-L) : 30th July
All I've Got To Do(M-L) : 11th September
Not A Second Time(M-L) :11th September
Don't Bother Me(Harrison) : 12th September
Hold Me Tight(M-L) :12th september
Little Child(Lennon-MacCartney) : 3rd October
I Want Hold Your Hand(L-M) : 17th October

This Boy(L-M) : 17th October
I Wanna Be Your Man(L-M) : 23rd October

〈1964〉

Can't Buy Me Love(L-M) Recorded:25th February
And I Love Her(L-M) :27th February
I Should Have Known Better(L-M) :26th February
Tell Me Why(L-M) :27th February
If IFeel(L-M) :27th February
I'm Happy Just To Do Dance With You (L-M) :1st March
I Call Your Name(L-M) :1st March
A Hard Day's Night（L-M） :16th April
You Can't Do That（L-M） :22nd May
I'll Cry Instead（L-M） :1st June
I'll Be Back（L-M） :1st June
Any Time At All（L-M） :2nd June
When I Get Home（L-M） :2nd June
You Know What To Do(Hrison) :3rd june
Baby's In Black(L-M) :11th August
I'm A Loser（L-M） :14th August
I Don't Want To Spoil The Party（L-M） :29th September
No Reply（L-M） :30th September
Every LittleThing (L-M) :30th September
She's A Woman (L-M) :8th October
Eight Days A Week（L-M） :18th October
I Feel Fine (L-M) :18th October
I'll Follow The Sun (L-M) :18th October
What You're Doing（L-M） :26th October

〈1965〉

Ticket To Ride (L-M) Recorded:15th February
Another Girl（L-M） :16th February
I Need You(Harrison) :16th February
Yes It Is（L-M） :16th February

The Night Before（L-M） : 17th February
You LikeMe Too Much(Harrison) :17th February
You've Got To Hide Your Love Away(L-M) :18th February
If You've Got Trouble(L-M) :18th Febuary
Tell Me What You See　(L-M) :18th February
You're Going To That Girl(L-M) :19th February
That Means A Lot(L-M) :30th March
Help　(L-M) :13th April
I've Just Seen A Face(L-M) :14th June
I'm Down(L-M) :14th June 1965
It's Only Love(L-M) :15th June
Yesterday(L-M) :17th June
Run For Your Life (L-M) :12th October
Drive My Car(L-M) :13th October
Day Tripper(L-M) :16th October
If I Needed Someone(Harrison) : 18th October
Norwegian Wood(This Bird Has Flown)(L-M) :21st October
In My Life(L-M) :22nd October
Nowhere Man(L-M) :22nd October
We Can Work It Out　(L-M) :29th October
Michelle（L-M） :3rd November

What Goes On(Lennon—McCartney-Starkey) :4th November
*Richard Starkey is Ringo Starr's real name.
12-Bar OriginaL(Lennon-McCartney-Harrison-Starkey)
:4th November
Thank For Yourself(Harrison) :8th November
The Word(L-M) :10th November
I'm Looking Through You　(L-M) :11th November
You won't See Me(L-M) :11th November
Girl　(L-M) :11th November

〈1966〉

Tomorrow Never Knows(L-M) Recorded:7thApril

Love You To(Harrison) :13th April
Paper Back Writer(L-M) :14th April
Rain(L-M) :14th April 1966
Doctor RoBERT (L-M) :19th April
And Your Bird Can Sing(L-M) :26th April
I'm Only Sleeping(L-M) :6th May
Got To Get You Into My Life(L-M) :7th May
For No One(L-M) :19th May
Yellow Submarine(L-M) :1st June
I Want To Tell You(Harrison) :3rd June
Eleanor Rigby (L-M) :6th June
Good Day Sunshine(L-M) :9th June
Here There And Everywhere(L-M) :17th June
Tax Man(Harrison) :21st June
She Said She Said(L-M) :21st June
When I'M Sixty-Four (L-M) :21st December
STRAWBERRY Fields Forever(L-M) :22nd December

〈1967〉

CARNIVAL OF LIGHT(McCartney-Lennon-Harrison-Starr)
Recorded:5th January
PENNYLANE(L-M) :17th January
Fixing A Hole(L-M) :21st February
A Day In THE LIFE(L-M) :22nd February
Lucy In the Sky With Diamond (L-M) :2nd March
Sgt.Pepper's Lonely Hearts Club Band(L-M) :6th March
Good Morning Good Morning(L-M) :29th March
She's Leaving Home (L-M) :20th March
Lovely Rita(L-M) :21st March
Getting Better(L-M) :23rd March
With A Little Help From My Friends (L-M) :30th March
Being For The Benefit Of Mr Kite!(L-M) :31st March
Within You Without You(Harrison) :4th April
Only A Nothern Song(Harrison) :20th April

Magical Mystery Tour (L - M) :3rd May
Baby, You're A Rich Man (L-M) :11th May
All Together Now (L-M) :12th May
It's All Too Much(Harrison) :2nd June
You Know My Name(Look Up The Number) (L-M) : 8th June
All You Need Is Love (L-M) :25th June
Your Mother Should Know (L-M) :29th September
Flying(Harrison-Lennon-McCartney-Starkey) :28th September
I Am The Walrus(L-M) :29th September
Blue Jay Way(Harrison) :6th October
The Fool On The Hill(L--M) :20th October
Hello, Goodbye (L-M) :2nd November
Christmas Time(Is Here Again)(Lennon-McCartney-Harrison-Starkey) :6th December

〈1968〉

Lady Madonna(L-M) Recorded:6th February
The Inner Light(Harrison) :8th February
Across The Universe (L-M) :8th February
Hey Bulldog (L-M) :11th Febuary
Junk(McCartney) :Last week of May
Child Of Nature(Lennon) :Last week of May
Revolution 1 (L-M) :12th June
Black Bird (L-M) :11th June
Don't Pass Me By(Starkey) :12th July
Ob-La-Di, Ob-La-Da (L-M) :15th July
Cry Baby Cry (L-M) :18th July
Good Night(L-M) :22nd July
Everybody's Got Something To Hide Except Me And My Monkey (L-M) : 23rd July
Hey Jude(L-M) :1st August
Not Guilty(Harisson) :12th August
What's The New Mary Jane(L-M) :14th August
Rocky Raccoon (L-M) :15th August

Mother Nature's Son (L-M)	:20th August
Yer Blues(L-M)	:20th August
Wild Honey Pie (L-M)	:20th August
Sexy Sadie　(L-M)	:21st August
Back In The USSR(L-M)	:23rd August
Dear Prudence　(L-M)	:30th August
While My Guitar Gently Weeps (Harrison)	:6th September
Helter Skelter（L-M）	:10th September
Step Inside Love (L-M)	:16th September
Los Paranoias(Lennon-McCartney-Harrison-Starr)	:16th September
I Will　(L-M)	: 17th September
Birthday(L-M)	:18th September
Hapiness Is Warm Gun (L-M)	:25th September
Honey Pie (L-M)	:4th October
Martha My Dear(L-M)	:5th October
I'm So Tired (L-M)	:8th October
The Continuing Story Of Bungalow Bill (L-M)	:8th October
Long Long Long(Harrison)	:9th October
Why Don't We Do It In The Road?　(L-M)	:10th October
Glass Onion(L-M)	:10th October
Piggies(Harrison)	:10th October
Julia (L-M)	:13th October
Savoy Truffle(Harrison)	:14th October

〈1969〉

Dig It(Lennon-McCartney-Starkey-Harrison)	Recorded:26th January
Teddy Boy(McCartney)	:28th January
Don't Let Me Down(L-M)	:30th January
One After 909　(L-M)	:30th January
Let It Be(L-M)	:31st January
The Long And Winding Road(L-M)	:31st January
Two Of Us　(L-M)	:31st January
For You Blue(Harrison)	:31st January
Get Back (L-M)	:5th February

Dig A Pony (L-M)	:5th February
I've Got A Feeling(L-M)	:5th February
All Things Must Pass(Harrison)	:25th February
The Ballad Of John And Yoko (L-M)	:14th April
Old Brown Shoe(Harrison)	:18th April
Her Majesty(L-M)	:2nd July
Octpus's Garden(Starkey)	:18th July
Octpus's	
Come And Get It(McCartney)	:24th July
Sun King/	
Mean Mr. Mustard(L-M)	:29th July
Polythene Pam/	
She Came In Through The Bathroom (L-M)	:30th July
Come Together(L-M)	:30th July
Because (L-M)	:5th August
You Never Give Me Your Money (L-M)	:5th August
Maxwell's Silver Hammer (L-M)	:6th August
I Want You(She's So Heavy) (L-M)	:11th August
Oh! Darling (L-M)	:11th August
Golden Slumbers/	
Carry That Weight(L-M)	:15th August
Something(Harrison)	:15th August
The End (L-M)	:18th August
Here Comes The Sun(Harrison)	: 19th August

〈1970〉

I Me Mine(Harrison)	Recorded:2nd April

(from *Revolution in the Head*)

参考文献・資料

英語文献　(ABC 順)

Beatles, The. 内田久美子訳『ビートルズ全詩集(改訂版)』、東京：ソニー・ミュージックパブリッシング、2008 年

Beatles, The. *THE BEATLES ANTHOLOGY*, First Published in the United kingdom : Cassel & Co, 2000.

Cook, Guy, and Messer, Neil, "From me to you:Austerity to Profligacy in the language of the beatles" in The Beatles, *POPULAR MUSIC AND SOCIETY A THOUSAND*
VOICES, Ed. by Inglis Ian. (London: MACMILLAN PRESS LTD, 2000)

EVERETT WALTER. *THE BEATLES AS MUSICIANS: The Quarry Men through Rubber Soul*. New York: OXFORD UNIVERSITY PRESS, 2001

Inglis, Ian, "Men of Ideas? Popular Music, Anti-intellectualism and the Beatles." In THE BEATLES, POPULAR MUSIC AND SOCIETY A THOUSAND VOICES, Ed. by Inglis Ian.
(London: MACMILLAN PRESS LTD, 2000)

Martin, George. All You Need Is Ears. NEW YORK: ST. MARTIN'S PRESS, 1979

MCDNALD, IAN. *REVOLUTION IN THE HEAD: THE BEATLES'S RECORDS AND THE SIXTIES*, London: Plimlico, 2005.

WENNER, JANN S. LENNON REMEMBERS NEW EDITION, NEW YORK: Verso, 2000

日本語文献

マーク・ルイソン（Lewisohn, Mark）, コンプリート・ビートルズ・クロニクル日本版『ザ・ビートルズ / 全記録』Vol. 1 1957-1964、Vol.2 1965-1970、『ザ・ビートルズ / 全記録』別冊索引・完全データ集、監修・翻訳ビートルズ・シネ・クラブ、東京：プロデュース・センター出版局、1994 年

中村とうよう『アメリカン・ミュージック再発見』、東京：北沢図書出版、1996 年

中村とうよう『ポピュラー音楽の世紀』、岩波新書：岩波書店、1999 年

東　理夫 『エルヴィス・プレスリー－世界を変えた男—』東京：文芸春秋、1999 年

佐藤良明 『ビートルズとは何だったのか』、東京：みすず書房、1999 年
佐藤良明 『ラバーソウルの弾み方ービートルズと 60 年代文化のゆくえー』
東京：平凡社、2004 年
武藤浩史 『ビートルズは音楽を超える』 平凡社新書：平凡社、2013 年

DVD
東京：東芝 EMI, THE BEATLES ANTHOLOGY vol.1 〜 10　2003 年
Time-Life Video & Television and warner Bros. Entertaiment Inc. Photography, 3,4 *THE HISTORY OF ROCK'N'ROLL, EPISODE 3,4* 2005.

TV
NHK .BS2.「伝説のロック・全米ベストヒット」
前編・2007.12.31　後編・2008.1.2
NHK BS2, BS 熱中夜話「ビートルズ・ナイト」前編 2008.5.16.
後編 2008.　5.23
NHK BS プレミアム　アナザーストーリー「ビートルズ初来日旋風」2015.6.10
S ジャパン「武田鉄也の昭和は輝いていた」2016. 1.27

インターネット
Data Station: ビルボード歴代全米　No.1　http://www007.upp.so-et.ne.jp/k-makoto/datastation/music/billbord/billboad.....2008/06/21
デイリーニュース　　MARIAH CAREY と MADONNA
http://www.bounce.com/news/daily.php/13620/　2008/06/30
Billboard No.1 Hit SINGLE 1970 – 1979
http://www007.upp..so-net.jp/k-makoto/datastation/music/billboard/sigle70.h...2008/06/21

著者　profile

後期中年・男。在京私大在学時は、嫌学、バイト、飲酒、多少の読書。マルクス、エンゲルスに興味を持ったが政治活動には無関心。郷里の広島電鉄に就職。当時、分裂下の労組で路面電車やバスを存続・活用させるためにはストライキ・政治活動を辞さない少数派労組に大学卒業採用者として初めて加入した。それまでは穏健な組合、要するに御用労組に入るものと不文律で決まっていた。ただの酒飲みと思っていたが、数年後、かつがれて書記長になった。闘いは市民の理解を得てクルマ社会の真っただ中、広島市は全国まれに見るバス、路面電車の活用都市となった。

路面公共交通の成果にも拘わらず広島市は東京で云えば「ゆりかもめ」にあたる新交通システム（高架・地下を走行する小規模鉄道）導入を目論んだ。同システムルートは広島電鉄のドル箱バス路線と重複競合したが広島電鉄は路線を事実上売却、廃止して流通・スーパー、ゴルフ場経営への事業拡大に転換した。労組も少数派から多数派へ更に統一していく過程で御用組合化して路線廃止を容認した。広島市の「新交通システム」は利用者不足で赤字が慢性化し、広島電鉄もスーパー、ゴルフ場とも赤字、債務超過となった。両者のツケは市民と労働者に回された。

こうした経過のなかで市民運動に転換しバス・路面電車・JR ローカル線を守る運動に没頭したが、労組、会社、役所の全てを敵に回すことになった。だが少数であったが協力者を得て地元報道機関に取り上げられる存在となった。しかし収入は万年係長の給料だけで出費はかさみ、ついに妻が子ども二人を連れて家を出た。但し、子ども二人は「やっぱり、育ててくれたのはお父さんだ」と言って帰って来た。

ビートルズとの出会いは、サラリーマン仕事で他社に電話した際の取次の間に他のアーティストがカバーした *LET IT BE* が聴こえて来てからだった。それまではウルサイヤツらだと思っていたが、ビートルズの存在を知るところとなり、ディレクター、ジョージ・マーティン云うところの第二パターンのファンとなった。更に子どもが父の日に赤版・青版の CD を贈ってくれ、それから文献も読む段階になり、入手した諸資料から得られた一般には知られていない反骨・反戦・やさしさのビートルズ像を紹介したいとの思いになった。

狙いは、私を含め世間のランク付けが中から下にかけてと思い込んでいる人たちにビートルズとの重なりを知ってもらい、皆さんに「自分たちの生きる意味と価値，即ち一人一人が考える葦であり、要するにメシがうまければ日々 OK と云うこと」を見出してもらうことにあります。

刊行物

・現代交通論（共著）税務経理協会　1994 年

論考

・広島の交通 PART 1 （1987 年）~ 8(2001 年)
・一人でも多くの利用者のために　―バス運賃は誰のものか―　2008 年
・アストラムからバス、路面電車、JR への転換　2015 年
　その他

ビートルズが分かる本――4人が語る　自身とビートルズ――

2017年1月5日　発　行

著　者　小林　七生

発行所　株式会社　溪水社

広島市中区小町1-4（〒730-0041）

電話 082-246-7909　FAX082-246-7876

e-mail: info@keisui.co.jp

URL: www.keisui.co.jp

ISBN978-4-86327-378-8　C0076